訳者序文

　本書はホースト・シュタインマン、ゲオルク・シュライエク、ヨッヘン・コッホ著：Management; Grundlagen der Unternehmensführung Konzepte – Funktionen – Fallstudien, 2013 年（『マネジメント：企業指揮の基本、概念－機能－事例研究』）の翻訳である。原著は 15 章編成で 864 頁にわたる包括的なマネジメントに関する著書である。しかし本訳は第 1～3 章部分のみを紹介している。訳名を「ドイツのマネジメント学」としたのは、第 2 章「マネジメントと経営学の成立」の歴史的展開の中で論じられているように、ドイツにおける「一般経営経済学（Allgemeine Betriebswirtschaftlehre）」の長い伝統の中で著者達がその部分領域または特殊経営経済学としての「ドイツのマネジメント学（Managementlehre）」を体系的に詳論しているがゆえに、本著部分訳には的を射た題名と考えたからである。ドイツのマネジメント学の分野は、アメリカにおけるマネジメント分野の諸研究をドイツの経営経済学分野に摂取吸収しながら展開してきている。また本原著は、ドイツの大学教育における教科書としても既に第 7 版を重ねており、この分野が多くの読者に関心を抱かれ支持されていることを考えるとき、この研究のさらなる深化の必要性を考えざるをえない。

　本書においては、何がマネジメントなのか？どのような課題と機能を良いマネジメントは具備しなければならないのか？どのような出発点、方法そして手段を持ち、そしてそれらがどのような関係性にあるのか？何が新たな展開なのか？といった多くの課題に応えながら論述を進めている。

　原著者達は、アメリカのマネジメントに関する手引書と学習書を参考文献にしながらマネジメントの複合的領域を包括的でわかりやすく概観している。

iii

訳者序文

　第7版ではすべての章が徹底的に改訂されており、多くの新しいマネジメント題材（ステークホルダー対話等）を統合している。本文においては最近の企業展開に関する事例ボックス、本文内容を問う演習問題、そして特に各章の終わりに事例研究が提示され、結果として、本文内容の理論に基づいた実践的な分析を可能にしている。

　最後に、2016年8月から2年間アイルランド共和国のリムリック大学に在外研究でお世話になった。ドイツから本原著が届いた際、この本が留守中に届いたこともあり借家バリナ、クノックアード43番の玄関下に無造作に届けられていたことを思い出す。

Management: Grundlagen der Unternehmensfuehrung
Konzepte - Funktionen - Fallstudien, 7. Auflage
Horst Steinmann, Georg Schreyögg, Jochen Koch

ドイツのマネジメント学

概念—機能—事例研究

ホースト・シュタインマン
ゲオルク・シュライエク
ヨッヘン・コッホ

清水一之 訳

第7版への序文

　第7版で、ドイツの"マネジメント学"の教科書は根本的に改定されただけでなく、いくらかの基本的な変更をも伴っている。本著、第3番目の著者にフランクフルト（オーダー）のヴァドリナ欧州大学のヨッヘン・コッホ教授が就任した。彼は将来追加されるであろう新版をゲオルク・シュライエック教授と共に編纂するであろう。

　追加的に文面が完全に刷新された。余白は本を軽量化そして扱いやすくするため省略された。これは、"行軍の際に窮屈な襟のホックを外して楽になる"ことを望んでいる多くの学生の提案に応じたものである。脚注と文末脚注は、本の読み易さを改良するために完全に取り除かれた。今や文献リストは、出典をすぐに見出すことを可能にするため章の終わりに置かれている。

　この構造的変更と並んでこの第7版の特別な関心事は、マネジメント領域における多くの局面にかなった動向と議論を正当に評価し、そしてこれを－可能な限りそして教科書に合わせこむ－文面に統合することである。素材の実証された組立と本書の根本的な構成は、にもかかわらず必然的に保持されている。

　その他の変更と補充は特に以下の章において行われている。

　第2章は引き締められそしてマネジメント学における新しい理論的潮流が補充されている。

　第3章は本質的な部分で新しくまとめられそして新しい（例えば、CSR議論やステークホルダー対話）という応用分野が補充された。

　包括的な改定作業、各局面に合わせる作業そして補充作業は多くの関係者によって支えられた。ここでロバート・ブルシュ氏、ステファン・クラ

第7版への序文

ウサー博士、ペーター・リプケ氏、ワサコ・ロスマン博士、ナタリ・ゼンフ氏、マティアス・ウェンツェル氏、同様にクリスティアナ・ブリューエ氏そしてロスビテ・ロラートニコライセン氏に感謝を申し上げる。そしてシュプリンガー社のステファニー・ブリッヒ氏、ウルリケ・レルヒャー氏そしてカトリーナ・ハルスドルフ氏には、この包括的な改定作業を支援して頂いたばかりでなく、仲介マネジメントの中心的な役割を担って頂いたことに特別の謝辞を申し上げる。

2013年7月

ニュールンベルク、ベルリンそしてフランクフルト（オーダー）

ホースト・シュタインマン

ゲオルク・シュライエク

ヨッヘン・コッホ

第1版への序文

　ドイツにおけるマネジメントの教科書は、アングロサクソン語圏と違ってそれほど長い伝統があるわけではない－そこでは今世紀始まりに既に科目の成立とそれに対応した教科書の作成が始まっていた。マネジメントは複合的であると同時に魅惑される課題であるが、それは体系化しそして学習可能にすることで特別な問題をもたらす。その難しさは一面で、全く異質な課題要因の統合をもたらす概要が可能になることで、理論的に度を越してしまうことである。伝統的な枠組み構造はマネジメント課題の複合性を捉えるためより狭くなることが判明する。それ故にこの著書についてはマネジメントを批判の続く環境の中で有効に機能していると認識されねばならない、行為体系での操縦過程としてマネジメントを解釈する新しい枠組み概念が展開されている。その際、慣習的に企業指揮学の場合においてどのように、最上級指揮レベルと彼らの要請だけに教育目標を考えるのでなく、基本的に経営経済的な指揮課題を委嘱したすべての人材に考えられている。

　主題面での基準点は5つの伝統的なマネジメント機能、つまり計画－統制－組織－人材配置－指揮である。この5つの機能によって輪郭付けられた多様な主題は、個別の教科書で完全にカバーできないため、選択性は避けられない。選択性は主題の選別においてのみならず、個別主題の問題点に関する構想の選択そしてそれ自体においても同様である。いずれにせよこの本の目標は、その都度すべての現代的構想、理論そして成果を報告するのみでなく、いくぶん少ないが、特に関連して出現しそして人に訴える力の大きいことに集中する。その際、選択はその都度、時局の構想のみを対象にするのではない。

第1版への序文

　マネジメント教科書執筆の際の二番目の基本的な挑戦は、マネジメント課題の十分に現実的で実践に即した見方の仲介である。この本の目的は、方法的な技能への導入のみならず、読者がマネジメント課題の多様性、時局性、問題そして境界に関する印象を取り持つことである。この目的に少なくともより近づくために、文章は多くの例、若干の事例研究そして最新の関連項目によって拡充されている。学習過程を楽にするために、各章の終わりに議論点、同じくそこに調査をより深めるための参考文献を載せている。部分的にこの本は試用されている、つまり既に数年にわたって高等専門学校の講義で利用され、エアランゲン・ニュールンベルク総合大学の多くの学生、そして継続教育での多くの実務家からの批判によりその改良に寄与している。

　この本はまず第一にマネジメント学の領域に精通を望み、一般経営経済学の部分領域として又は特殊経営経済学の学生向けに書かれている。さらに将来の指揮的立場において理論的基礎を作ろうと望む継続教育に興味のある指揮層そしてそのような実務家にも利用される。

　この本の出版の際に我々は多くの面で支援と提案を受けた。我々の感謝は、若干章の編成において参加してもらった特に商業学士ユルゲン・テイエム氏、ハンス・ボーム博士、更なる感謝は、多くの提案をくれた M. ハインリッヒ博士、G. ムス博士、F. ハッセルベルク博士、U. ハルトマン経済学士、H. パーペンハイム経済学士である。慎重な原稿作成と文書校正システムのすべての機械的障害の成功裏の克服そしてその他のハーゲンとニュールンベルクの困難な調整問題に関してギゼラ・マース女史、リースベス・ショイアー女史そしてエリカ・グルス女史に感謝申し上げる。

ホースト・シュタインマン
ゲオルク・シュライエク

目　　次

訳者序文 iii
第7版への序文 v
第1版への序文 vii

第1部　マネジメント：導入と歴史的展開　　1

第1章　マネジャーとマネジメント　　1
1.1　マネジメントとは何を意味するのか？ 3
1.2　マネジメント機能の概観 6
1.3　伝統的マネジメント過程 8
1.4　経験知におけるマネジャーの行動 12
1.5　マネジメント役割とマネジメント機能 21
1.6　機能と専門能力 23
　　　演習問題 27
　　　事例研究：コンプラス有限会社 28
　　　　　事例研究に関する質問 29
　　　参考文献 30

第2章　マネジメントとマネジメント学の成立　　33
2.1　実践における起源 34
2.2　マネジメントの思想史：流派、学説、動向 39
　　　2.2.1　単科大学における専門分野の創設 40
　　　　　2.2.1.1　歴史的展開：アメリカとドイツ 40
　　　　　2.2.1.2　専門の位置付けと整理 42
　　　2.2.2　学説の展開（学派）......................44
　　　　　2.2.2.1　マネジメント古典期の代表的人物 45
　　　　　2.2.2.2　行動科学学派 57
　　　　　2.2.2.3　定量数学的志向学派 66
　　　　　2.2.2.4　システム志向的観点 69

ix

　　　　2.2.2.5　新制度的観点と制度経済的観点．．．．．．．．．．．．．．．．．．．．．．．．．．．．．．．．．．72
　　　　2.2.2.6　進化—そして過程志向的観点．．．．．．．．．．．．．．．．．．．．．．．．．．．．．．．．．．．．76
　演習問題．．．78
　事例研究：成長での衝突．．．80
　　　　事例研究に関する質問．．．83
　参考文献．．．84

第2部　マネジメントの基本概念　　　　　　　　　　　　　　　　91

第3章　市場経済におけるマネジメントの役割　　　　　　　　91
　3.1　企業の関係集団．．92
　3.2　経済における行為調整．．．96
　　　　3.2.1　2つの調整方法．．96
　　　　3.2.2　協調志向的調整方法．．97
　　　　3.2.3　成果志向的調整方法．．98
　3.3　成果志向的調整方法の枠組におけるマネジメント．．．．．．．．．．．．．．．．．．．．．．．．100
　　　　3.3.1　企業の契約モデル．．．101
　　　　3.3.2　企業と価格体型の契約モデル．．103
　　　　3.3.3　企業の契約モデルの経験的な前提条件批判．．．．．．．．．．．．．．．．．．．．．．．．．．．105
　　　　　　　3.3.3.1　外部効果．．．105
　　　　　　　3.3.3.2　経済における遺贈過程．．．107
　　　　　　　3.3.3.3　所有と自由裁量権の分離．．109
　　　　　　　3.3.3.4　結　論．．111
　3.4　協調志向的行為としてのマネジメント．．112
　　　　3.4.1　出発点：法律と企業倫理．．．112
　　　　3.4.2　法的規則．．．113
　　　　　　　3.4.2.1　外部的そして内部的出発点．．．．．．．．．．．．．．．．．．．．．．．．．．．．．．．．．．．．．113
　　　　　　　3.4.2.2　外部的制限．．114
　　　　　　　3.4.2.3　内部的制限．．117
　　　　3.4.3　マネジメントと倫理（企業倫理）．．．．．．．．．．．．．．．．．．．．．．．．．．．．．．．．．．．．．．120
　　　　3.4.4　経済のグローバル化文脈での企業倫理．．．．．．．．．．．．．．．．．．．．．．．．．．．．．．．．130
　演習問題．．．133
　事例研究：チャレンジャー号の悲劇．．．134
　　　　事例研究に関する質問．．136
　参考文献．．．137

索　引　　　　　　　　　　　　　　　　　　　　　　　　　　141

第1部　マネジメント：導入と歴史的展開

第1章
マネジャーとマネジメント

- ■マネジメントとは何を意味するのか？　　　3
- ■マネジメント機能の概観　　　6
- ■伝統的マネジメント過程　　　8
- ■経験知におけるマネジャーの行動　　　12
- ■マネジメント役割とマネジメント機能　　　21
- ■機能と専門能力　　　23
- 演習問題　　　27
- 事例研究：コンプラス有限会社　　　28
- 参考文献　　　30

1 マネジャーとマネジメント

　数世紀にわたって農民、職人、商人等が生活に必要なものを人々に供給してきた。今日、財は主に大きな組織によって供給され、この組織はマネジャーによって指揮されている。マネジャーの職業が優れた意味を持つことにより、組織のマネジメントは社会的に重要視されるようになった。このような展開は比較的最近である。

　150年ほど前の状況は違っており、マネジャーという職業はまだなかった。ほとんどの経済単位は小規模そして個人単位で指揮階層はまだ意味を持たなかった。遅くともいわゆる泡沫会社乱立期の初期以来、マネジメント要素を一般的な現象とした（詳細は第2章参照）劇的な変化がその時に起こった。

　経済発展のための広がりを見せるマネジメント意義についての認識は、それに不可欠な知識を与える学問的方向性への必要性を急速に生みだした。マネジメントがもはや直感や才能の商品であるという、まずはこの解釈をとるとすれば、この活動の継続的な成功を担保する、マネジメントを一般的、科学的に基礎付けた原理の上に築くことは、その説得力を著しく弱めるであろう。それは独自の科学分野を展開することになる。このことはマネジメントの課題を系統立てる結果となり、つまりこの課題は―いずれにせよ部分的に―特別な職業教育、それから商科大学そして最終的には総合大学で仲介された、**教えられそして学べる**資格の形を整備することになった。

　これはまたこの教科書の出発点でもある。それはマネジメントの課題を対象とし、この課題の克服のために開発された基本的な知識の存続、方法そして手段を提示する。この本は以下の問題に答えを与えようとしている。すなわち、マネジメント課題はどのような役割を持っているのか？マネジメントの成功と不成功を何が区別しているのか？どのようなモデルと方法をマネジメントに役立てているのか？近代企業はどのような管理組織を必要とするのか？どの範囲内でマネジメント課題は計画可能なのか？等である。そのような概観を与えることでマネジメントの概念が以前までは統一的利用がなされなかったという問題を発見した。日常的な言語利用におけるマネジメントは、特定の意味内容よりも多くほとんどがその指し示す能力で働き、す

べての可能な目的に利用され、一般的なありふれた概念になる恐れがある。それゆえマネジメントの教科書の初めでは、何が"マネジメント"概念で意味されるのか、明らかな輪郭が占めることになる。

1.1 マネジメントとは何を意味するのか？

　当初からマネジメント学に関する理論的努力は、2つの異なった観点から特徴付けられている。すなわち、マネジメントは一方では制度として理解され、他方においては—それとは全く違った—組織の方向付けのために充足されねばならない課題の集合体として理解される。これに対応してマネジメント学における**制度的観点**そして**機能的観点**が区別されている。

　制度としてのマネジメントは、組織での指令権限を任せる**人的範囲**を意味している。この範囲は多様な広がりで理解される。以前は特に階層上部を考えたが、今日ではふつう方向付け課題を任せられた人的な総体グループを意味する。大企業における主導的階層は一般的に上部、中間そして現場マネジャーレベルに細分化されている。今日では一般的に上部マネジャーレベルに関してトップマネジメント概念が適用される、アングロサクソン言語地域では既に長期間にわたって慣例的な概念枠組みが上部管理者レベルよりも上で捉えられ（社外、株主等）、特にドイツ語圏では長く"マネジメント"という概念が取りおきされていた。このマネジメント認識は所有者–企業者を1つにまとめ、そしてそれによって資本所有者から企業指揮を任された機能資本家の意味での**マネジャー**（管理者）と出資による合法的な企業指導者としての**所有者**との一般的な産業経済的知見である慣例的な差を、無視している（Berle/ Means 1968）。

　制度的に方向付けられたマネジメント研究の多様さは、広範囲に設定されている。それは特定の人的集団の人口統計的分析、特に素性、教育そして年齢等々に関して、そして経済そして社会におけるマネジメントの役割についての疑問に関して（権限分担、変化推進力等々）、正当に評価された賃金政策及び動機付け体系の問題にわたっている（Kocka 2000, Hartman

2002, Bass 2007 参照)。特に注目されるのは最近この分野で、何人くらいマネジメント層において女性または移住経験のある人材がいるのか、特に昇進しているのかという疑問がある（Schneidern 2007)。

これに対して**機能的観点**は―特定の立場または人に依存せず―給付過程の効率的方向付けのために充足されなければならない**課題**に直接的に関連している。どのようにそして誰にこの方向付け課題が割り振られるのかは、ここでの回答はひとまず差し控える。最終的にそこから分離された問題設定と最適な課題を体系的に対象とする。このように見ると、これはさしあたり企業での特定の人的範囲またそこでの特定階層水準でなく、充足されなければならない課題（マネジメント機能）の連鎖であり、それによって企業は目的を達成できるのである。

通例ではマネジメント機能の効率的充足のために指導階層（垂直的職務分担）が構築される。指導的立場は（担当部局)、いずれにせよ非常にまれに最後はマネジメント機能の充足に任される。このことは彼らに多かれ少なかれ大きな範囲で**物的課題**が伝達される。しばしば指導力の総課題予算におけるマネジメント課題の割合が小さいほど、彼らはますます低く企業階層内に位置付けられる。ここでの下層レベルの指導力において、しかしながらまたもっぱらマネジメント機能を託すような多くの会社もある。

マネジメント機能は補完的な関係のような調達、生産または販売（関連要素）といった根本的な事業機能である。経営は複合的な結合活動として理解され、それは給付過程を網の目のように重なり合わせそしてすべての関

図1.1　横断的機能としてのマネジメント

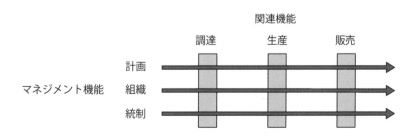

1.1 マネジメントとは何を意味するのか？

連機能領域の方に入り込んでくる。図1.1はこの関連性をマトリックスとして図式化している。良い経営成果は、もし関連機能とマネジメント機能が緊密に相互作用しそして適切に重なり合い調和する場合にのみ達成されるであろう。経営経済学ではこの操作的行動は複合的給付として早くから研究されていた。グーテンベルクは、彼の要素研究で基本的生産要素を提起し、生産手段、材料そして労働と管理（dispositive）要素を対置させ、その最適な要素結合の確定としての課題を決定している（Gutenberg 1983）。この基本的生産要素は自動的に結合されるのでなく、結合過程は目的とされた人間的行為を必要とする。企業の繁栄はそれとともに基本的生産要素の財に依存するばかりでなく、決定的に要素結合の種類にも依存する。

機能的マネジメント概念はマネジメントを資源投入と関連機能の相互作用に方向付ける、いわば横断的機能として見ている。マネジメント機能はそれゆえ事業分野の間・その中に付随的に発生し、調達分野、財務分野またはその他の事業分野が重要であるかは関係ない。この課題は、もし種類と範囲が違っても、各々の階層水準をも充足しなければならない。

それによって機能的マネジメントの関連性の概念は明らかになる。

マネジメントは、分業的組織での給付構成と給付確保によってもたらされなければならない方向付け課題の複合体である。この課題は、各々の指導的立場の原則内で解決され、そしてどの管轄分野か、どの階層水準か、そしてどの組織内かで付随的に発生することに依存せず、常に繰り返される問題としての性格を持っている。この全く他の種類で構成された給付でありえる、諸状況と諸問題は全く違うのに関わらず、しかしながら方向付け課題の一般的な目録がある。それは一般的に（決して必然的ではないが）特別にそのために任命された人材、つまり指導力によって充足される。それはまさにこの本の中心部分であるべき一般的なマネジメント課題である。基本的に―既に述べたが―そこで大事なのは多様な組織の方向付け課題であり、もっぱら我々は上述した営利経済的な組織（企業）の事例に集中することになる。

マネジメント機能と物的機能との違いは同時に経営経済学におけるマネ

ジメント学の位置付けを明白にしている。経営経済学は多様な機能学によって構成されている。関連機能学としての売上、生産、研究開発と横断的機能学としてのマネジメントは格子状になっている。マネジメント学は―グーテンベルグの要素体系において既に目論んだ―経営経済学における部分機能学として成り立っている。

マネジメント学は企業指揮における身近に特定されそして観察可能な課題設定を重要視することから出発している。既に思い出したように、長い間違った解釈が一般的であった。つまり、数十年にわたって企業指揮は芸術分野よりも多く、科学よりも少なく見なされていた。他の言葉では、企業指揮は才能、直観、創造的行為のようなものとして考えられ、そしてそれとともに全く個性の問題として意味が変えられていた。良い企業指揮のためには、全くそこから導き出された給付過程から形作られる"才能豊かな"人間性を必要とする。決して企業指揮のための創造性と構想力の意味が疑われないにもかかわらず、企業指揮が全く根本的な部分に関して明らかに決定可能で、そして合理的に貫徹可能な課題設定を含んでいることを、時間の経過の中で明確に浮き彫りにしている。最近の経営経済学は、どうやら非包括の分野に徐々に接近し、そして学習可能で教育可能な原則を導出している。

1.2　マネジメント機能の概観

マネジメント学において、どのような機能が個別に方向付け課題の連鎖に必要なのか、当初から定義されそして詳細に述べられていた。上述で展開した機能目録は広範な多様性を示している。特別な影響がアンリ・ファヨールの先駆的著作にあった（Fayol 1929）。彼は20世紀初頭に初めて編纂したマネジメントの一般的機能（管理要素）として、そこで彼の個人的に収集した経験の要約を提示している（第2章も参照）。彼は以下の機能を区別している。

1. 予測と計画
2. 組織化

マネジメント機能の概観 1.2

3. 指令
4. 調整
5. 統制（コントローリング）

L. H. グリックは、伝統的な連邦アメリカ的マネジメント学の代表的人物として 1930 年代にこの体系化の基本上で深く刻み込んだ POSDCORB 概念を展開している（Gulick 1973）。以下がマネジメント機能の違いである。

- **P** 計画。企業目標を達成するために何をすべきなのか、そしてどのようにするべきなのかの一般的な決定
- **O** 組織化。形式的な権力構造の設定、労働結合の構成、定義付けそして全体目標に関する調整
- **S** 配置。人材の募集と教育そして適合した労働条件の保証
- **D** 指導。個別意思決定の連続判断そして場合ごとの又一般的な指示における変更
- **CO** 調整。労働過程の多様な部分を連結する偏在している課題
- **R** 報告。課題実現の展開に関する前段階での連続した情報。これは下位従業員の情報と絶え間ない独自情報を含めている。
- **B** 予算。特に予算措置と予算統制といった予算化のために必要とされる、すべての課題の遂行

これと他の概念から引き続きマネジメント機能の**伝統的な 5 つの規範**が形成され、それはハロルド・クーンツとシリル・オドンネルによって執筆され、そして今日までマネジメント学の**基準**となっている（初版 Harold Koontz and Cyril O'Donnell 1955）。

1. 計画化
2. 組織化
3. 人事
4. 指揮
5. 統制

POSDCORB 機能の"予算"と"報告"はここで"統制"に統合されている。この概念において"調整"機能は当然に（POSDCORB 機能そして多くの他のマ

1 マネジャーとマネジメント

ネジメント機能方法論と同様に）自主的な機能としてみられていない。"調整"はその性格からより部分的機能でなく包括的機能であり、つまりそれは多くの異なったマネジメント事象によって引き起こされる。これに対応して"調整"は"マネジメント"と同意語として利用されている。頻繁にこの5つの目録において、最も重要な機能が欠けているという疑問が提起され、それが"意思決定"であり、最終的にマネジャーがまさによく"意思決定者"とされる。ここでは"調整"の場合と同じような論拠が有効である。意思決定は自律的機能として際立たせるすべて5つのマネジメント機能の自明の構成部分であり、それゆえ論理的に欠如していると考えられる。

1.3 伝統的なマネジメント過程

5つの規範の定式化に関してすぐにこの5つの機能が都合のよい順序で単なる一覧を形成しているのか、またはこの定式化が相互の関連で体系的なのかという疑問が提起される。この疑問の初めの答えが（今日いわゆる）**伝統的マネジメント過程**の枠内で与えられる。これに従って5つのマネジメント機能が決して単純な一覧の意味でゆるく相互構成されているのではなく、**過程**の考えを理念的に構成するため、厳格な論理的連続の中で相互関連している。マネジメント機能は、そのように構想された伝統的なマネジメント過程において課題の互いに並べられた順序段階として捉えられる。伝統的なマネジメント過程は以下の段階構成を経た5つのマネジメント機能：計画–組織–人事–指揮–統制に整理される。過程の論理そして機能の関連性は個別に以下で説明を加える。

1. 計画

   伝統的マネジメント過程の論理的な起点は計画であり、つまりどのように到達すべきかそしてどのように一番よく達成されなければならないかに関して熟考することである。主としてこの際、目標方向の決定、将来の行為代替案への拡張そしてこの環境下において適切な選択を行うことが重要となる。長期から短期的な位置付けにおける計画は、特に

計画実現に関する目標、枠組み指針、計画の確定そして全企業又はその各個別の部分分野に関する手法の確定を内容として含んでいる。それは過程開始のこの考えが、**第一機能**に無条件の役割を計画に与え、そしてすべての他の機能は計画から決定されるという意味で、いわば計画の支配下にある。

2. 組織

    計画は思考上の前作業である。もし計画が組織参加者の行為を本当に方向付けすべきであるなら、それは変換を必要とする。それはマネジメント機能の組織に計画の実行を保証すべくすべての必要な課題を特定し、そしてそのように互いを結合する行為組立てを始めの変換措置に据えることに責任を持つ。重要なのは、適切な専門知識の割り当てによる概観できる計画的課題統一（立場と部門）同様に異質な立場と部門の水平・垂直的な結合を統一する指令権限の構築である。加えて、設置する立場は課題充足のために必要な情報を提供する伝達体系の構築も含んでいる。

3. 人事

    組織構造の中に計画される立場は、組織的活動の計画に沿う変換を実現するため、人員による要求に見合う配置を必要とする。人的機能は一度限りの配置のみならず、過程の連続における人的資源の持続的な確保と保持をも内容として含んでいる。特に人事考課そして人材開発の課題はこの分野に分類される。さらに専門的な課題充足の保証に関して職務に沿った報酬を必要とする。

4. 指揮

    もし組織と人材配置によって課題実行のための構造的前提条件が達成されるのであれば、理想的な労働充足の継続的で具体的な誘因と中心的指導課題として上述した枠組み内で目標に合った詳細な方向付けは連動する。日々の労働実行そして上司による指示は何よりも重要である。それは最適な誘因への参加と措置そして労働行為の方向付けとの間の微視（ミクロ）構造としての影響構造に関心がある。動機付け、

情報伝達そして衝突解決はこのマネジメント機能の導出されうる課題である。ここでも人材の直接的な指揮が重要となる（人材指揮）。

5. 統制

構想したマネジメント過程の最終段階は統制である。これは達成する成果を確認すべきだし、そして計画値と比較すべきという点で当然最後に置かれる。「べき」（Soll）／「ある」（Ist）比較の課題は、計画が実行に転換され成功したかどうかを示すことである。修正措置の導入または根本的な計画修正を必要とするか否かに関する在りうる誤差は、点検されなければならない。統制は同時に新規計画のための起点を情報とともに形成し、そしてそれと共に新しく始まるマネジメント過程を形成する。(計画的な)「べき」基準がないなら、計画なしの統制に関するこの論理が成立しないので、そして他方では各々の新たな計画循環が目的達成に関する統制情報なしに始めることができないので、計画と統制を双子機能と呼んでいる。

図1.2はマネジメント過程の描写される観念をマネジメント機能の順序として具体的に示し、そしてさらなる機能に関する詳細な外観を整理した個別課題に分類している。時間を超越した**循環の順序**として伝統的マネジメント過程が示されている。もし計画循環、実行循環そして統制循環が終わると、次に進む（職務統一を仮定し、次に進むことが重要である）。計画された「べき」秩序が実現することができたか、そして在りうる誤差の理由を必要なら報告するか検証する、連結部分は―既に上述したが―統制を形成する。それは組織学習が可能であるべきで、以前の循環からの教訓が新しい計画循環に援用され、それによって以前の間違いは繰り返されない。循環の期間に関して基本型を示してはいない、それは会計年度、しかしまた短期または長期にもなりうる。総じて、常に繰り返される計画的に決定された循環を生じる、計画的に決定された循環イメージが成り立つ。

1.3 伝統的なマネジメント過程

図1.2 マネジメント過程

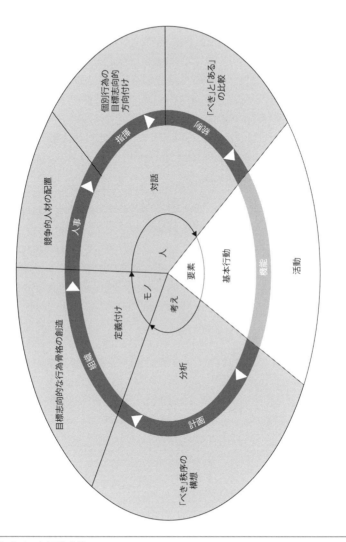

参照：Mackenzie 1969に依拠

1.4 経験知におけるマネジャーの行動

　既に示したマネジメント機能の線形連続性は今日では幾度も批判され、そして方向付け実務における問題のある記述として考えられている。次に実務において機能間の**相互依存性**が全く明らかに現れるゆえに、このような厳格な秩序付けから引き離してみる。相互依存性は関連的そしてまた時間的な観点を生じる。他の言葉でいえば、課題は多くで重なり合いそして実務における労働過程において適度に遊離し、そして記述される過程という意味で連続的分業を可能にする時間的拡張がある。もっと言えば、線形過程に対する相互影響のことである。統制体系と統制行為において、例えば計画実行に関する情報の獲得と分析が重要であるのみならず、その仕事において従業員の配置と行動様式にも影響がある。過多の統制はやる気を喪失させ、不信を生み、あいまいさを誘発する等々。同じような再帰性（フィードバック）は他の機能の際にも現れる。評価体系は動機付けと対立する可能性を持つ、そして詳細な計画は高度に訓練された個人のためにわずかな余地しか与えない。同じように計画者の配置に関する決定要因として後の段階で既に選定された組織構造が影響を与える（それが情報の流れを規制し、特殊化し、利益部門の設置によって追求行動に方向付けられる等々）、その結果として組織が順番の逆転で「計画」の前に入り込む。既にここでのわずかな事例だけを参考に、通常多数の機能が同時に考慮されねばならない。それは例えば、動機付け体系のための意思決定、同時にまた統制体制のための意思決定、また最低でも統制体制の特定類型に反する意思決定である。

　伝統的マネジメント体系そして現実のマネジメント過程の線形の「べき」概念間にある明白な矛盾は、どのようにマネジャーの職務多様性が実務において表れるのか、実証的な詳細研究を行うきっかけを与える。

　「マネジャーに何をするのか尋ねると、十分な見込みの上で彼はあなたに計画し、組織し、調整しそして統制すると言うでしょう。その後、彼が何をしているのか本当に観察すると。もしこの4つの言葉と関係ないということをあなたが観察しても、それは驚きではない」（Mintzberg 1975: 49）。

1.4 経験知におけるマネジャーの行動

　この引き起こる確認事象によってカナダのマネジメント研究者ヘンリー・ミンツバーグは、マネジメント課題の本質についての研究成果を要約している。この研究は、マネジャー労働の多くの実証分析を含んでおり、この中でマネジメント機能の伝統的概念の欠如した実務に近い提案そして体系的な順序提案を具体化した。

　この労働活動研究において、どのような進行形態をマネジャーの業務が実際に行っているのか、客観的に記録することが目標とされた。そのために多様な方法が適用された。有名なのは第一に日誌研究であり、それはある程度の時間にわたって個別の活動を時間順に記録するようにマネジャーは要請されている。しかしマネジャーが、ある日のすべての活動を厳密に記録することを条件とした、隣りに継続的観察者を置く（シャドーイング）研究の方が影響力を持った。

　初めの研究において既に（特に Calson 1951, Guest 1955/56）、後の研究においても常に確認されるべき事象である、模型をくっきりと浮き上がらせている。

1. **並列的問題解決-循環**。労働は明らかに分断された始まりと明確な終わりがあるわけではない。それはより多様な問題の同時解決を通じて特徴付けられる。いわば問題は、ある種その都度異なった参加者による闘争の舞台で扱われる。マネジャーは、よく問題をその回答まで先へ進めることなしに、問題解決の舞台から次の問題に向かう。それは絶え間のない多くの開かれた循環に取り組むということである。常に新たな予期せぬ舞台が再形成される。
2. **日々の労働は細かく分断している**。並列的な舞台における労働は、観察される労働のリズムにも反映される。労働は整った中、段階に区分された経過で行うのでなく、多くの個別活動、多くの臨時会話、多くの突然訪問そして議題間で常にあちらこちらに飛ぶ会話、そして日常的な問題から 1,000 万ユーロ（€）の投資までの舞台によって特徴付けられる。ミンツバーグは 5 人の上級マネジャーそれぞれに一週間にわたって直接に観察調査を記録している（Mintzberg 1980: 33）。その中で一日

1 マネジャーとマネジメント

の全活動の半分が 9 分以下であり、そして全労働の連続性の中で 10% だけが 1 時間以上（ほとんどが協議）であった。テングブラッドは、スウェーデンのマネジャーについて行った新しい研究において調査した労働単位のほぼ 50% が 9 分以下であったという、近似した比率に至っている（Tengblad 2006）。ボックス 1.1 ではこのような細かく分割された日々の課業の特徴的な事例が与えられる。これは中小企業のマネジャーの日々の課業を対象とした独自研究の観察である。

3. **口頭の情報伝達**。指揮労働の大部分は会話という形で行われる。すべての研究で一致して示されるのは、労働の大部分が人との接触において、そして人との接触を通じてもたらされていることである。多くの調査では、管理者が口頭の情報伝達（電話、会議、ビデオ会議、同僚との話し合い等々）のための時間を少なくとも 70% 近く利用しており、多くの場合、この割合はより高くなる（90% 以上）。

4. **質問と傾聴**。接触は、非常にわずかな部分の命令から成り立っている。質問、傾聴そして情報の配分という立場がはるかに重要な役割を演じている。ここでは、情報の受容（能力）が全く重要な職務となる。接触人物は非常に多様で、同僚、上司、顧客、連盟、納入業者等々である。直属の従業員による相談は、全接触の半分をまれにしか上回らない。

5. **予期せぬ事態の克服**。急に姿を現す難問そして予期せぬ出来事が、マネジャーの日常を形成している。計画から期待することは、予期せぬ事態との直面が稀ではないことである。予期せぬ出来事は常に明確な問題として確認できない。そもそも問題が存在するのかが、初めに判断されなければならない。通常はそのために信頼される情報が欠けている。それにもかかわらず、企業の不利益を遠くに留めるために、新しい事情に敏速に対応することが必要となる。マネジャー業務のこのような観察からマネジャーは、先導しそして刺激を与えるのみならず、少なくとも極端な勢力に対しても同じく反応しそして常に新しい状況に対応しなければならないのである。

1.4 経験知におけるマネジャーの行動

ボックス1.1

ラファエル・ベルガー氏の勤務日（要約）

　ラファエル・ベルガー氏は従業員約 100 名の鋳物工場を管理している。その他に彼は製造管理のためのコンピュータシステムの開発（ハードとソフト）に取り組む設備のある会社を営んでいる。

8:00　ベルガーは社屋に立ち入りそして彼の仕事場に行く途中で計算部署の同僚であるラルフ・ダルムから開発段階にあるコンピュータシステムにおける障害の兆候を知らされる。その後、彼の仕事机につき、

8:12　見習工の交代の提案に関する同僚からの電話があった。

8:15　そのことに関して彼は技術的な性質の指示を受けるため直接彼の熟練工ガラス氏に電話をした。

8:16　そのあとで彼の仕事部屋にあるコンピュータをはじめた。そこではラルフ・ダルムが彼に報告した問題を自分で注視するため、夜中の間に把握しそして加工した製造情報の結果をプリントアウトした

8:19　そしてそのあとでダルムにそのことに関する質問をした。

8:20　ベルガーは特定分野における製造状況に関する情報を 2 人目の熟練工クラフト氏から入手するために電話した。

8:21　さて、彼は机の上に届いていた手紙を開封し、目を通しそしてさらなる処理の準備に取り掛かった。彼は自分自身で行うよう望んだ部分を手元に置いた。これは引続く 8 回の中断によって約 12 分を必要とした。

8:22　覚書の反答としてベルガーは熟練工ガラス氏に電話し、そして彼に質問した。

8:23　そのあとで彼は熟練工クラフト氏にも同じ質問をした。

8:25　ベルガーはコンピュータシステムの開発技師（彼が個人的によく知っている）に電話しそして彼と起こった障害について話した。

8:26　事業所マネジャーは電話で連絡し、ベルガーは彼に熟練工と既に相談した事柄で指示を与えた。

8:29　ベルガーは部屋の開いている扉を通してどのように隣の事務所の従業員が仕事場に入りそして彼らが仕事に立ち向かうのか様子を伺っている。訪問者が製造従業員と一緒に本来計画した協議に入る前に、両者は一般的な問題に関して通路で話した。

1 マネジャーとマネジメント

8:31　ベルガーは熟練工グロル氏に自身のもとに来るよう電話をした。

8:32　彼らが通路で話をしていた所にグロル氏が入ってきた、それはベルガーが従業員への手紙を届けるために購買事務所に向かおうとする時であった。ベルガーは生産の技術的事項における次の一手に関する決断をする。

8:33　ベルガーは会計係の事務所を訪問した。彼女は彼に病気の秘書について尋ね、そこから彼女の健康状態に関する短い談話があった。

8:34　事務所に戻る途中で扉の前で待っていたグロル氏と既に議論した課題について再度尋ねられた。

出典：Schreyoegg/Huebl 1991

スチュワート（Stewart 1982、同様に Lowe 2003）は、反応と活動からの行為余地の概観をマネジメント課題のその構想の対象にした。この理解のもとで3つの要素を通じて指揮能力の行為領域は決定される。

1. 行為の強制：これは担当者の持つ責任を含むすべての行動を意味している。以前に行った自身の意思決定に帰着し（例：新年の始まり、月曜会議）、特定の立場を必然的に（例：署名、代表すること）に伴うことによる行為の強制である。

2. 制約：これは労働過程を通して管理能力を知り、限界を理解することである。制約は内面または外面から生じうる（例：年度決算、取締役会、投入した技術）。これは管理能力から影響を及ぼせない。

3. 独自のやり方：自由に形成されうる、行動領域がここで最終的に提示されるべきである。ここで指揮能力はその労働と領域に個人的な印象を刻印することが可能である（例：指揮方法、労働のやり方）。

確かにこの3つの要素によってすべてのマネジメント業務は特徴付けられ、しかしその集中度は階層から階層で（現場階層マネジメント、中間階層マネジメントそして上部階層マネジメント）そして組織から組織で異なっている。上部マネジメントの課題はとりわけ多くの"選択"そしてとりわけ少ない"要望"によって特徴付けられ、このようにたびたび解釈される。しかしこれがこの場合に必ずしも値しない。それはアメリカの社長の仕事の調

1.4 経験知におけるマネジャーの行動

査において"要望"が支配的立場であった。

「この方法で、どのように社長が彼の時間を利用し、そして彼の関心を配分するか、彼が日々行わなければならない事柄によって決定される。つまり、彼が約束し守らなければならない発言、延期することができない確定された討議日程、主治医が指示した休息。優先順位は、ある議題の関連性に由来するのでなく、行わなければならない重要性に由来する。」(Neustadt 1960: 155、筆者の翻訳書)

従来、研究報告された結果は、さしあたりマネジメント業務の明白なそして確認された要因に関する報告でしかない。この観点は如何に業務内容が考慮されない限りで、うわべにとどまらなければならない。"机上の仕事"は、ある計画の作成のため、または発言の草案に利用でき、重要な統制報告の読み上げまたは前回の社内旅行の写真を見ることに利用できる。これは観察可能な労働方法そして機能決定と同様な業務内容とを明確に区別するためにも必要である。

目に見える労働方法にある意味関連性の背後理解に関する解釈基準は、コッターが上級マネジャー(サンプル数 15)の観察研究の枠内で展開している。彼はマネジャーの行動から 3 つの基本概念を区別している (Kotter 1982)。

1. 方針枠組の構築と展開(アジェンダ設定)、
2. 接触ネットワークの結び付き(ネットワーク構築)、そして
3. 行為構想の実現(執行)

ネットワークの構築と育成は(企業内部そして企業外部の部分的な 100 を超える形式的そして非形式的接触)その際、重要な機能を与えられる(これに関して次ページのボックス 1.2 を参照)。それは、"アジェンダ"の(前-)展開のための情報獲得にも役立ち、そして決定した目標の実現を促進させる活気付けにも役立つ。

1 マネジャーとマネジメント

ボックス1.2

個人的ネットワーク

多くの研究は、個人的ネットワークを構築することが成果の上がる指導力の中心的な要素に必要とされることを示している。このようなネットワークは、形式的な関係から（特定従属下の従業員、直接の同僚等々）情報関係（前の活動からの友人関係、共通の研究室からの知人等々）同様に外部の関係性（他の会社、大学、団体、連盟等々）の結果として生じている。個人的ネットワークは多様な観点からの課題充足に有益である。すなわち、判断しにくい情報の解明に関して、利用しにくい知識の獲得に関して、対立する計画の折り合いに関して、そして新しい話題の拡散に関して等々である。個人的ネットワークは多様な基準によって記述される。

○均質／不均質（ネットワーク参加者の類似性）
○関係性の強度
○到達範囲

実証的な研究において異質そして緊密な仕事範囲から離れた特別なネットワークが効果的である傾向を示している。関係性の強度における結果は、複雑である。それは狭すぎる関係性に順応を求める、それゆえにネットワークの範囲を著しく限定させることが一方において強調されている。他方で緊密な関係性は、判断しにくい情報への信頼と即時の介入を保証する。

出典：Ibarra 1993, Ibarra/Hunter 2007

ミンツバーグは、観察された活動を、似通った非常に奥深く区分された方法で解釈している。彼は労働態度の出現として把握し、つまり、マネジメント課題の内容を一般的に説明する10の役割の充足として把握している。10の役割は3つの上位の役割集合によって成り立っている：個人間の関係

図1.3　ミンツバーグによる10のマネジメント役割

分野	対人間の関係性	情報	意思決定
範囲	1. 船首像 2. 上司 3. 連絡係	4. 探知網 5. 周知伝達役 6. 代弁者	7. 革新者 8. 問題解決者 9. 資源配分者 10. 行為先導者

参照：Mintzberg 1980: 923

性の構築と保持における役割、情報の摂取と放出における役割そして最終的に意思決定範囲における役割（図 1.3 参照）である。

対人間の役割

1. 船首像

   この役割の中心は企業の叙述と代弁者または内部と外部からとの区別である。マネジャーはここではある意味で象徴像として機能する。具体的な仕事でなく、ここでの意味は存在や執行者である（例：腹を立てた顧客が社長と話したがっているまたは部門長が毎年、新年祝賀会に招かれる）。

2. 上司

   部下の指導と動機付けと同様にその選任と評価を中心的な役割に置く（例：女性マネジャーが先月の売り上げをグループと議論する）。

3. 連絡係

   この役割の中心は、企業内部と外部の機能に適した相互的接触網の構築と保存にある（例：マネジャーが商工会議所の人的集団に加入する）。

情報の役割

4. 探知網

   内的そして外的展開に関する情報の継続的な収集と摂取、特に自分で構築した"ネットワーク"がこの役割に必要とされる。（例：競合相手がガス部品に捨て値を韓国からまもなく提示されることを、マネジャーが外交員から知る。）

5. 周知伝達役

   中核的な活動は、重要な情報の伝達と解釈そして従業員と他の組織参加者への行為先導的な先行指標である（例：マネジャーが納入業者を訪問し、そして彼の従業員にその印象を伝える）。

6. 代弁者

   ここでは外部集団の情報を持ちそして外部に組織の代弁をする（例：マネジャーが最新技術の社会的意義に関するテレビ討論に参加する）。

1　マネジャーとマネジメント

意思決定の役割

7. 革新者

   中心的な活動は組織における変化の主導と実現である。この活動の基本は問題の継続的な探索そして提供される機会の利用である（例：マネジャーは新製品アイディアにおける基礎研究から従業員の発見を実行に移すために、課業集団を調整する）。

8. 問題解決者

   この役割は紛争の仲介そして予期せぬ問題と中断の除去に貢献する活動に焦点を合わせている（例：マネジャーは現地マネジャーと従業員との突然生じた紛争を調整するためバングラディシュの子会社に向かう）。

9. 資源配分者

   これには3つの配分分野が必要である。すなわち、自身の時間配分そしてそれによって何が重要か重要でないかを決めること、課題と一般的な権限（組織）の配分そして行為提案の選択的な承認とそれに伴う財務資源配分（例：マネジャーが新規圧縮機の購入計画を提示されたが、それよりも重要と考えられた乾燥暖炉機の購入のために、それを却下する）。

10. 行為先導者

    この役割においてマネジャーは自身の組織または部局（効果の大きな）行為の仲介を行う（例：共同事業の設立が計画され、その条件が3人のマネジャーに依頼され、詳細を交渉する）。

この10の活動の束または役割は、**総体**として取り扱われそして同様に既に上述したマネジメント機能は、一般的にすべてのマネジメント階層に効果がある（…すべてのマネジャーの仕事に一般的である、Mintzberg 1980: 55）。分野、階層水準、部局、労働集団、人間性等々に応じて、それを通じた多様な問題適用が、個々に特別な形態を生むであろう。それは例えば、生産マネジャー（工場管理者、熟練工、等々）であれば、そこでの問題点は頻繁に発生する中断の克服、つまり"問題解決者"の役割であろう。それに対

して購買マネジャーであれば問題点は、生産への連結（"連絡係"）そして代弁者（"船首像"）の際に頻繁に生じる。

1.5 マネジメント役割とマネジメント機能

　10の役割をよく見ると、どのようにミンツバーグの解釈において5つの伝統的なマネジメント機能が、それほどかけ離れていないことに気づく。例えば、マネジメント機能の"計画"と革新者の役割、探知網の役割そして資源配分者の役割との間に、たいてい緩やかな結合進路が確立されている。マネジメント機能の"組織"は、連絡係の役割と同様な資源配分機能とみなされよう。上司、周知伝達役や問題解決者の役割は、マネジメント機能の"指揮"に対応する。マネジメント機能の"統制"が探知網の役割におけるある種の対応関係を見出すのに対して人事問題は上司の役割に分類できる。代弁者や船首像といった役割はしかしながら振り分けが困難である。

　10の役割が個別のマネジメント機能に明白な類似性を示す事実（伝統的なマネジメント過程それ自体ではないが！）は、より細かな研究において大した驚きではないだろう。もしそのことが、より抽象的なマネジメント機能として多くの詳細な観察水準を位置付けるのであれば。包含の可能性は、それゆえに当然であろう。このことから―根本的な議論点である―10の役割は何が観察されたのかという単なる記述を超えている。これは同様に伝統的な5つの機能が、充足されるべきである、課題の規範を提示している。これは、この役割の4つまたは5つを注視せずマネジャーが重要な課題をほったらかしにし、非難を受けることのように理解される。言い換えれば、もしマネジャーが良い成果を達成したいのなら、どの課題を充足しなければならないのかをも提示している。このことはこの本の根本にも置くべき理解である。マネジメント機能は行為の記述としてのみならず、充足条件としての**規範的教義**としても理解される。5つの機能による分類が内容とされている（Carroll/Gillen 1987 参照）。

　もし過程が重要であるなら、しかし全く違った見方が生じる。ここではマ

1 マネジャーとマネジメント

ネジメントの役割が**伝統的なマネジメント過程**の論理を根本的に疑問—他のすべての観察研究と共に—にする認識が有効となる。2つの点を明白な言葉で表現する。

1. **体系−環境−相互作用**：各役割は、マネジメント機能の環境関連の大きな意味を指摘する。ミンツバーグの見方において外部関連に導かれる次の最低4つの役割が姿を現す。すなわち、船首像、代弁者、行為先導者そして連絡係である。これらの役割は、ある体系の環境関連が本質的に計画問題としてのみ取り上げられるので、上述の4つの役割は伝統的なマネジメント過程では現れ得ない。計画から期待されるのは、全関連する動的力と環境の期待反応への個別行為を捉え、そして全後続変換行為のための根本を形成する確かな労働基盤を成り立たせる見積もりにはめ込むことである。とにかくこのことは多面的な観点を単純な見方にする。すなわち、企業の環境は全く限定的にしか予想できない。計画の時点で全く認識することのできない多くの可能性がある(ただ単に"金融危機"や"壁の崩壊"しか思いつかない)。企業の環境は、複合的因果関係ゆえの影響を全く予想できないので、絶え間ない変更に従う。このような構造的な不確実性に対置する企業は、ゆえに迅速にそして柔軟に対応することができなければならない。つまり、新たな展開を早急に受け入れ、とっさの機会を捉え、望まない脅威を防ぎ、現況の抗争を鎮めるように働きかけることが可能である等々。体系／環境関連の克服が、決してそれだけが計画立て諸力の対象ではなく、すべてのマネジメント機能の中心的課題となる。このことは多様なミンツバーグの役割においてもまた明らかに表現されている。

2. **柔軟性**：10の役割は、慣例的なマネジメント過程で表現されるよりも、実務における計画と適応の状況をより複雑にさせるとい追加の重点に注意を向けさせる。複合的体系は、規範的秩序の構想そしてそこから演繹された労働計画を順序通りやり続けることだけよりも多くを要求する。日常的な突然の妨害や、予定しない出来事そして新たな情勢（例えば、新しい取締役、合併）に相当程度を予想しなければなら

ない。うまく行うために、短期的に計画から外れる以外の道が残されていないことはよくある。体系的に計画した意思決定と急な状況に対応した行動は、よもや張り詰めた弓のように必須の対峙である。

　作用と反作用、入念な分析と無意識の決定、はっきりした秩序と柔軟な適応という対抗軸は、ゆえに近代マネジメント学の特徴になった。機能の直線的順序は、現実の方向付け要求の一面的に望まれた秩序に拘束され、そしてそこから最終的に惑わされた幻想に誘う。このことから"より近代的なマネジメント過程"として将来に示され、そしてこの本のための基本軸としても肝要である概念的に他の過程理解を開発する必然性が生じる。この指針とこの基礎に置かれる期待される合理性理解を受容し、そして教えられそして学べる構想に創り上げる理論的枠組みは、後の章で展開される。この導入章では拡張された機能の観点の必要性、そして変化する過程論理の必要性とに注意を喚起したことで十分であろう。

1.6　機能と専門能力

　マネジメント機能はマネジャーによって知覚される(べき)課題である。機能はもし適合した諸条件が与えられるのであれば―そしてそのことは研究された実証分析で明確にされ―もちろん充足されうる。もしそれが与えられた課題の複合的性格に方向付けたいのであれば、示された機能と役割によって、何が指導力の個人的諸条件に関わるのか、明らかに判定されるので、非常に多様な能力体系を利用できなければならない。カッツは彼の研究の中でマネジメント機能の有効な整理のための根拠を形成する3つの基準能力（専門的能力）を位置付けている（Katz 1974）。

1. **技術的専門能力**。つまりこれは関係するマネジメント知識と能力の完備、具体的な個別事例に理論的**マネジメント知識**と**方法**を適用することである。それには、常に新たな問題の位置関係のために適応することができるようなマネジメント知識によるノウ・ハウを含んでいる。つま

1 マネジャーとマネジメント

り大事なことは決して知識の獲得のみでなく、中心はそれを扱うことができる能力である。これは最も簡単に専門能力を紹介し、そしてマネジメント学は十分に、たぶん十二分にこれに集中してきた（McKnight 1991）。今日では最低でも次の2つが同等な意味で理解されている。

2. **社会的専門能力**。つまり他の人と効果的に共同することが可能で、そして他の人を通じて影響を与えることができる能力である。根本的な**共同態勢**のみならず、他の人の行動を理解しそして他の人の身になって考える能力が重要である。指導力の社会的活動範囲は大きく、そして彼らの社会的専門能力に要請されることも同じように大きい。それは同僚、下位の従業員、上司そして環境からの諸関係集団の最低でも4つの局面が要求される（図1.4参照）。欧州の統合そして全く一般的な経済の拡大するグローバル化の徴候において、社会的専門能力のさらなる次元として**異文化相互間の理解**、つまり文化的境界を越えて情報伝達し、そして共同して行動する能力が付け加わる（Thomas 2003）。

3. **構想的専門能力**。つまり難解で複合的な問題領域を構造化し、そして操作可能な行為概念に変形させる能力である。実務における方向付け課題が常に新しい形を表し、そして結果として明確でない問題を取り扱う以上、根本的な構造化能力がその効果的な克服のために必要である。対立する解釈、不明確な原因配置、不足する証拠等々にもかかわらず納得のいく行為構想を築くことが重要となる。この専門能力の発揮は、給付過程の関連付けと動作のための基本的理解が前提となる（一

図1.4：マネジャーの社会的専門能力の各局面

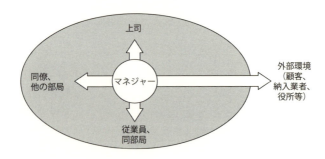

1.6 機能と専門能力

般的にGelman 1997 を参照）。そのようにして、個別問題と個別意思決定とが結合し、他の意思決定が見出されうる。構想的専門能力は、他の観点から問題を観察可能または一般的に多様な範疇で考えられる能力をも要求する（Bartunek 他 1983, Weick 1996, Mitzberg 2004: 249p 以下）。このことから構想的専門知識は、—そしてこれがより重要である—問題設定の常によく変化する性格を評価できるために、基本的な学習能力を要求する。経済の拡大する複雑性を理由に構想的な専門能力の相対的な意味合いが他の 2 つの専門能力に対して将来的に増大するであろうと考えられている。

もし各々の機能の充足が、専門能力の共同に異なった問題点を割り当てるのであれば、すべて 3 つの専門能力はマネジメント課題の中で同時に作用する。

そうこうする間に、特に**新しい組織形態**の要求を反映するべく多数の専門能力の目録が、マネジメント機能の時と同じように現れる。その新たな専門能力の事例が、接触能力（"接触し続ける"）、折衝能力、即興、集団形成等々である（Daft 2003, Rouleau/Balogun 2011）。この目録の関連性を低下させることなしに、その際、3 つの一般的専門能力の実際の適用という問題というより、専門能力の構造的な新しい区分けという問題に取り組んでいる。

この議論と同時に新たなマネジメント専門能力を明確に区別することが、より頻繁に主張されている。バートレットとゴーシャルは、しかもその上で"属性的マネジャーの神話"からの転換を要求し、そして近代的な分散型企業のための"職務水準マネジャー"、"中間マネジャー"、"上級マネジャー"のための専門能力の明確な差異を提案している（次ページ、図 1.5 参照）（Bartlett/Ghoshal 1997）。

階級別階層に応じた（上級、中間そして職務水準マネジメント）、同様に組織的立場に応じたマネジメント専門能力の区別は、系列マネジメント、企画マネジメント、機能指揮または部局指揮等々（同様に Walgen/Kieser 1995 または Rouleau/Balogun 2011）常に繰り返し要求されてきた。上述したように、機能要求内の多様なマネジメント権限が、確かにこれまで特殊な形態で

1 マネジャーとマネジメント

図1.5 3つの水準に区別した新たなマネジメント専門知識

	職務水準マネジャー	中間マネジャー	上級マネジャー
主要な価値の上乗せ	最前線の部局と共に生産性、革新そして成長に焦点を当てることによる事業パフォーマンスの推進	独立した最前線の部局に大企業の優位性を与える援助と調整の提供	組織全体を通じた人材への支持、献身そして挑戦する感覚を与えそして埋め込む
基本的な活動と課題	事業のための新たな成長機会の創造と追及	個人の開発と彼らの活動を援助	拡大する機会範囲と実績規範を確立する間に共通認識への挑戦
	魅了しそして開発される能力と資源	部局を超えた分散した知識、技能そして最善慣行の結合	共同と信頼を援助する規範と価値観の確立を制度化
	部局内の継続的実績改善の管理	短期的業績と長期的意欲間との緊張管理	企業の目的と意欲の包含の創造

参照:Bartlett/Ghoshal 1997: 96

あったが、体系的に区別されていないことに大多数のマネジメント学が由来している。構想的専門能力は、たいてい上位のマネジメント権限のほうが下位のマネジメントにおけるよりも意味がある。同様の差異をミンツバーグは、彼の10の役割の中で提案している。

実務において、しかしながらこのようなひとまとめの判定も常に問題として考えられている。例えば、計画集団の指導のために（下位のマネジメント）本当に割合どおりで少ない構想的専門能力しか必要ではないのか？また技術的専門能力は本当に上位の立場に小さな意味合いしかないのか？個別の判定に依存することが十分に有効である。とりわけここでは個人的な性格個性も1つの無視できない役割を担っている。

マネジメント階層間における人が認識する区別がないことを制度的に見なす（参照上述の"制度としてのマネジメント"）という意味ではない。既にドイツの立法者は、例えば事業所の利害代表（経営協議会）の賃金協約の交渉人（職務水準マネジメント）を組み込み、そして交渉委員会である独自の利害代表機関を持つ賃金協約外の管理職員代表（中間マネジメント）をそこから外し、そして1976年共同決定法において監査役会に一人の独自人

事が代表として出席している。立法者が下層マネジメントそして中間マネジメントを"被雇用者の胴元"と同一視する一方で、上位管理者（上級マネジメント）は雇用者に属している。マネジメントの法律で定義された権限に対して、見方、確認形態、社会的出自による等という集団間に明確な差異を割り当てた多くの研究がある。

このように常に差異をはっきりさせたがるように、それが身分集団のための区分したマネジメント学を体系的原因から十分にさせない。

演習問題

1. 何がマネジメントの"制度的"そして"機能的"観点の下で理解されるのか？
2. どのような課題がクーンツ／オドンネルの試みでの計画に含まれるのか？
3. 女性の購買担当マネジャーが「私は計画に関して気にかける必要はない、私たちの会社にはそのことに関して独自の5人編成の計画部署がある」。何をあなたは彼女に答えますか？
4. 実証的マネジメント研究の成果は、マネジャーは細かく分割された労働の日々を送っていると述べている。このことを知ることは重要であるか？なぜか？
5. スチュワートは"要求"、"独自のやり方（選択）"そして"行為の強制"の間を区別している。マネジャーの行動に関連付け事例を手掛かりに説明しなさい。
6. なぜ伝統的マネジメント過程において企業の外部関係が軽視されるのか？
7. どのような関連性が"連絡係"と"代弁者"の役割の間に見えるか？
8. 何のために指導能力である"構想的専門能力"を必要とするのか？
9. "技術的専門能力"と"構想的専門能力"の間の区別を示しなさい。
10. 計画と統制の質に高度な"社会的専門能力"は貢献するか？

1 マネジャーとマネジメント

事例研究：コンプラス有限会社

　夜も更けた頃、既に午後6時半、ユタ・ファイゲはまだ事務所の机に座りそして今日の出来事を要約していた。彼女は疲れていた、そして彼女は疲れはて、自分の仕事に満足していなかった。「明日は」彼女は心の中で呟いている「もっとがんばらないと。以前、私は何をしたのか常に正確に覚えていた。」

　数枚の手紙と電話対応をまだ片づけることができた、そして有名なコンピュータ設備業者であるコンプラス有限会社の北ドイツ購買担当としてマネジメントの立場を承諾するか否か自問していた。多くの出張と直接の接客による外勤であった彼女の以前の職務が、彼女にはよりやりがいがあるように感じられた。

　彼女はこんな日を今の立場において日常と感じていた。

　彼女は南ドイツ購買担当フランク・ベッカーと共同の購買計画を立てるために事務所に早くから出社していた。それは楽なことではない、なぜなら妥協の覚悟がベッカーの曲げない性格に必要であったからである。

　その後、最新の画面モデルの納入業者といくらかの電話が決まっていた。納入は説明困難な理由により延期されていた。強い需要によって在庫状況が著しく減少したために納入の遅れが販売に悪い影響を及ぼすのではないかと危惧されていた。この状況は緊急の説明を要した。初めて、お昼近くになってようやく彼女は中心的な計画"区域分け"に専念することができた。すなわち、彼女は例年の販売報告の目標とされる見通しから、もし販売区域分けを変更すれば、区域販売管理も個別の外勤担当者の全体的な業績もかなり上昇する可能性があると最後に導き出した。彼女は以前の調査結果と最終的に区分分割に関する新提案の結果を次の日の定例会議で彼女の地域担当の区域販売担当者に紹介したかった。ゆえにそのための資料をまず作らなければならなかった。

　彼女が昼食から戻ると、彼女の電話応答機に6人から返答のお願いが来ていた、そこで彼女はまず初めに副購買部長のクリスチャン・クルーガーに返答をした。

彼は彼女に遺憾ながら、会社の新たな販売促進計画を報告するために明日の区分担当者会議の予定時間の大部分を使うことを知らせた。彼の考えでは一番重要で緊急性のある要件であった。彼はすぐに彼女に必要な資料をメッセンジャーによって届けることを伝えた。

他の数人の電話返答をすることがむなしく終わった後で、彼女は再び最大の関心事である"区域分け"に専念した。午後までに彼女は発表のため必要な資料をすべて揃えた――それは空席の区域担当者選任のための候補者と約束してあった志願面接時間のちょうど前であった。1時間後に面接は終了した。彼女には志願者がこの地位に適切であるように思われた、そして彼が言っていたことを確認するため、いくつかの問い合せを電話で行った。

彼女がそれを片付けた後で、そうこうする内に5時になり、彼女は終わっていない課題を行った。もう返答していない電話には遅すぎるため、その間に上司クルーガーから届いた資料に目を通さなければならなかった、そして明日の地域担当者会議の議題を変更しなければならなかった。彼女の主な計画の結果を彼女はいずれにせよ明日発表するつもりであった、しかし区域の新割当は"彼女の"組織の未だ十分でない成果を上昇させるため、部分的な観点に留まることは明らかであった。彼女は、どのような追加的な対処ができるのかよく考えた。

経営経済学論文集の1998年の動機付けに関する論文転用から：p.30

事例研究に関する質問

1. どのような観点においてユタ・ファイゲの仕事を外勤職務から地域購買管理者として区別するのか？
2. どの10の管理者の役割がこの場合には記述されるのか？

参考文献

Bartlett, C. A./Ghoshal, S. (1997), The myth of the generic manager: New personal competencies for new management roles, in: California Management Review 40(1), S. 92–116.

Bartunek, J. M./Gordon, J. R./Weathersby, R. P. (1983), Developing „complicated" understanding in administrators, in: Academy of Management Review 8, S. 273–284.

Berle, A. A./Means, G. C. (1968), The modern corporation and private property, reprint, New York.［邦訳：A. A. バーリー、G. C. ミーンズ、『近代株式会社と私有財産』(現代経済学名著選集（5))、北島忠男訳、文雅堂銀行研究社、1986年］

Buß, E. (2007), Die deutschen Spitzenmanager – wie sie wurden, was sie sind. Herkunft, Wertvorstellungen, Erfolgsregeln, München.

Carlson, S. (1951), A study of the work and the working methods of managing directors, Stockholm.

Carroll, S. J./Gillen, D. J. (1987), Are the classical management functions useful in describing managerial work?, in: Academy of Management Review 12, S. 38–52.

Daft, R. L. (1998), Organization theory & design, 6. Aufl., Minneapolis/St. Paul u. a.

Daft, R. L. (2003), Management, 6. Aufl., Mason/Ohio.

Fayol, H. (1929), Allgemeine und industrielle Verwaltung, Berlin.

Gelman, R. (1997), Constructing and using conceptual competence, in: Cognitive Development 12, S. 305–313.

Guest, R. H. (1955/56), Of time and the foreman, in: Personnel 32, S. 478–486.

Gulick, L. H. (1937), Notes on the theory of organizations, in: Gulick, L. H./Urwick, L. F. (Hrsg.), Papers on the science of administration, New York, S. 3–13.

Gutenberg, E. (1983), Grundlagen der Betriebswirtschaftslehre, Band 1: Die Produktion, 24. Aufl., Berlin/Heidelberg/New York.

Hartmann, M. H. (2002), Der Mythos von den Leistungseliten, Frankfurt am Main.

Ibarra, H. (1993), Personal networks of women and minorities in management: A conceptual framework, in: Academy of Management Review 18, S.56–87.

Ibarra, H./Hunter, M. (2007), How leaders create and use networks, in: Harvard Business Review 85 (1), S. 40–47.

Katz, R. L. (1974), Skills of an effective administrator, in: Harvard Business Review 52(5), S. 90–102.

Kocka, J. (2000), Management in der Industrialisierung – die Entstehung und Entwicklung des klassischen Musters, in: Schreyögg, G. (Hrsg.), Funktionswandel im Management – Wege jenseits der Ordnung, Berlin, S. 33–54.

Koontz, H./O'Donnell, C. (1955), Principles of management: An analysis of management functions, New York. ［邦訳：ハロルド・クーンツ、シリル・オドンネル、『経営管理・経営組織』、マグロウヒル出版、1979 年］

Kotter, J. P. (1982), The general managers, New York.

Lowe, K. B. (2003), Demands, constraints, choices and discretion: An introduction to the work of Rosemary Stewart, in: The Leadership Quarterly 14, S. 193–238.

Mackenzie, R. A. (1969), The management process 3-D, in: Harvard Business Review 47, S. 81–86.

McKnight, M. R. (1991), Management skill development: What it is. What it is not, in: Bigelow, J. D. (Hrsg.), Management skills: Explorations in Practical Knowledge, Newbury Park, Cal., S. 204–218.

Mintzberg, H. (1975), The manager's job: Folklore and fact, in: Harvard Business Review 53 (4), S. 49–61.

Mintzberg, H. (1980), The nature of managerial work, 2. Aufl., New Jersey. ［邦訳：ヘンリー・ミンツバーグ、『マネジャーの仕事』、奥村哲史、須貝栄訳、白桃書房、1993 年］

Mintzberg, H. (2004), Managers not MBAs, San Francisco. ［邦訳：ヘンリー・ミンツバーグ、『MBAが会社を滅ぼす――マネジャーの正しい育て方』、池村千秋訳、日経 BP 社、2006 年］

Neustadt, R. E. (1960), Presidential power, New York.

Rouleau, L./Balogun, J. (2011), Middle managers, strategic sensemaking, and discursive competence, in: Journal of Management Studies 48, S. 953–983.

Schneider, B. (2007), Weibliche Führungskräfte – die Ausnahme im Management: Eine empirische Untersuchung zur Unterrepräsentanz von Frauen im Management in Großunternehmen in Deutschland, Frankfurt am Main.

Schreyögg, G./Hübl, G. (1991), Manager und ihre Arbeit, Diskussionsbeitrag Nr. 159, Hagen.

Stewart, R. (1982), Choices for the manager, New Jersey.

Tengblad, S. (2006), Is there a 'New Managerial Work'? A comparison with Henry Mintzberg's classic study 30 years later., in: Journal of Management Studies 43, S. 1437–1461.

Thomas, A. (2003) (Hrsg.), Handbuch Interkulturelle Kommunikation und Kooperation, Göttingen.

Walgenbach, P. (1994), Mittleres Management: Aufgaben, Funktionen, Arbeitsverhalten, Wiesbaden.

Walgenbach, P./Kieser, A. (1995): Mittlere Manager in Deutschland und Großbritannien, in: Schreyögg, G./Sydow, J. (Hrsg.), Managementforschung 5:

Empirische Studien, Berlin/New York, S. 259–310.

Weick, K. E. (1996), Speaking to practice: The scholarship of integration, in: Journal of Management Inquiry 5, S. 251–258.

Wheatley, M. (1992), The future of middle management, London.

Wooldridge, B./Schmid, T./Floyd, St. (2008), The middle management perspective on strategy process: contributions, synthesis, and future research, in: Journal of Management 34: 1190–1221. 30

第1部　マネジメント：導入と歴史的展開

第2章
マネジメントとマネジメント学の成立

- ■実践における起源　　　　　　　　　　　　34
- ■マネジメントの思想史：流派、学説、動向　　39
- 演習問題　　　　　　　　　　　　　　　　　78
- 事例研究：成長での衝突　　　　　　　　　　80
- 参考文献　　　　　　　　　　　　　　　　　84

2 マネジメントとマネジメント学の成立

2.1 実践における起源

　制度的意味そして同じく機能的意味でのマネジメントの理解は、この発展史を詳細に研究し、そしてマネジメントの発展を促した理由をそこで問う時に深められる。今日的意味でのマネジメントが—多数の先駆者は別として—産業革命の過程で、より詳しくは産業的大規模企業の成立により初めて形成されたとの広範な認識がある（Kocka 1975: 80ff）。このことが—産業革命初期における評価可能な小規模手工業者または中規模工場との比較において—急速に高まる調整要求を必要とした。これは19世紀半ばに株式会社として創設された鉄道の発達が最も具体的な事例である。

　それまでは比較可能な小規模な商業企業、手工業企業そして産業企業における所有企業家の**個人**が、いかに労働を協調させるのか、決定的にそのやり方に影響を与えた。企業家は事業を自身の考えに方向付け、個人への直接的な接触が、専門能力や機能配分に関する一般的調節を不必要にした。初版で後述する引用文で、全く疑いなしに直接的な個人指導が紹介される（Emminghaus 1968: 168）。ここでは実務を意図した"商売の成功する事業のための法則の体系"の提案で、「最適な指示は口頭であり、そこでは常にそして何処でも、すべてを観察可能な企業家が想定され、そして例えば企業家は従業員を常に目前にしている」のである。

　まさに調整問題の"人的"解決策は、鉄道会社において早期に限界に達した。毎日より多くの列車が長い区間そして地理的に大きく伸びた区間で客車と貨物列車をどのように正確で効率的に利用すべきか、いくばくの少ない個人がそれを自身で見張ることができなくなるまで、交通事象の複雑性と不可視性が拡大した。1840年代にアメリカの"西部鉄道"において正面衝突による連続した重大な鉄道事故が、裁判所調査に至り、鉄道会社の組織と管理に刷新を招いた。アルフレッド・D. チャンドラーによる非常に有名な経済史的研究における説明が詳細に記述されている（Chandler 1977: 80ff）。

　19世紀半ばまでアメリカにおける鉄道会社の区間網は単純で複雑ではなかった。例えば、ボストン＆ウースター鉄道会社は、44マイルの単線区

間であった。3台の旅客列車は両方の終点を毎日6時、12時そして16時に離れた。かつては貨物列車が同時刻に旅客列車に向かって出発した。両列車は区間中間のファーミングハム駅で落ち合った。ファーミングハム駅に対向列車が入ってくるまでは、目的地駅まではどの列車も出発できなかった。このような単純な交通体系の調整は、(交通業務と整備業務のための)その機能補助者と共にその上司によってたった1つの事務所から処理された。

　交通の"人的方向付け"の限界は、"西部鉄道"で明らかになった。そこでの区分網は150マイルであった。3つの区間で構成され、そして個々の区間は上司と機能補助者によって1つの事務所が承認した。区間の長さのため、朝の列車は午後遅くにやっと目的地駅に到着した。会社がすべての3区間に3台ずつの列車を走らせたゆえに、毎日対抗する方向に走る列車の9つの重なり合いが生じた。(モールス)電信機を通じた通信手段は当時ではまだなかった。そしてこのように─山岳でそして見通しの悪い土地のために─正面衝突を含む言及した多くの事故が起きた。列車移動の監視と調整は(遅延や障害もまた)どうやら人的方向付けによる単純な体系では達成することができなかった。

　最終的に設置された調査委員会は、鉄道会社の統治機構の中心的課題領域に対する伝達経路と責任経路の明確化を提案した(37ページ図2.1を参照)。その結果として、西武鉄道で同一の組織構造の地理的に区分された全3区間の土台が作られ、それがスプリングフィールドの本部事務所を通じた再中心化の調整がなされた。3つの区間事務所の各々に列車の動きそして旅客列車と貨物列車に責任のある"交通補助マネジャー"を置いた。"区間職長"は列車軌道の保守のために責任を負いそして"機械職長"は列車の修理と保守に責任を負った。課題実行はこの方法に明確に分けられていた。この3つの立場は、それぞれ階層構造においてその課題の調整のために結び付けられていた。交通補助マネジャーはスプリングフィールド本部の区間職長に報告し、機械係はスプリングフィールド本部の機械職長に報告し、彼は区間職長以下に位置付けられた。区間係はそれに対して直接にスプリングフィールドの"統括監督者"に報告した。"統括監督者"は社長と西武鉄道

会社の"取締役"に申し開きの義務があった。すべてのマネジャーは、彼らの部下から受け取った、情報に依拠した定期的な報告書を作成した。すなわち、その情報は駅の責任者、列車運行状況、貨物管理、修理隊の監督等々からの報告である。

事故を予防するために"情報体系"が遠方に設置され、詳しい運行計画が作成された。列車運転手は、列車遅延や故障の際にどのように行動しなければならないか、詳細な規定とともに計画の順守に責任を持った。

この方法において—調整問題の対応として—より複合的になる課題と仕事の調整のための新たな管理の模範が生じ、これはアメリカ合衆国においてその後に創設されたすべての鉄道会社の指針となっている。初期型との主な違いは"人的調整"で、3つの区間事務所における各々の人的配置、行動方法そしてそれに対応した条件と処遇に緊密に関連した調整課題を正確に導き出すことにある。その限りにおいて、職位や多層的マネジメント階層そして一般的行動規定による"超人間的"構造が生まれた。

元来統一的な人的行為関係からマネジメント機能の分解によって、その後の区分と階級的階層によってマネジメントの初期の発展的階層が特徴付けられていることが理解できる（図 2.1 参照）。

この発展のための要因が鉄道会社の場合において明白になった。すなわち、路線網の規模と地理的な延長（地域分散）、そしてそれに関連した方向付け課題の高い複雑性は、列車交通の安全性と効率性の関心において回答を強制し、この回答は(少人数の)方向付け人員によるマネジメント機能のはぎ取りから従来の緊密区分された統制範囲そして組織的"独立"に拡張している。ここにいわば大企業成立のための前提条件と成功条件がある。この主張の正当性は、産業化のさらなる進展、またその後の企業成長（鉄道においても同じく）に関する他の理由、そしてそれと共により複雑で困難に評価される行為関連を伴う事例で示される。この理由の2つが以下に言及される (Kocka 1975: 82 ff., Schreyoegg 1984: 58 ff)。

1. 成長は企業連合におけるこのような取引統合を通じて多くの企業により促進され、それは従来他の企業により遂行され、そして/または市場

図2.1 1850年頃の"西部鉄道"の組織

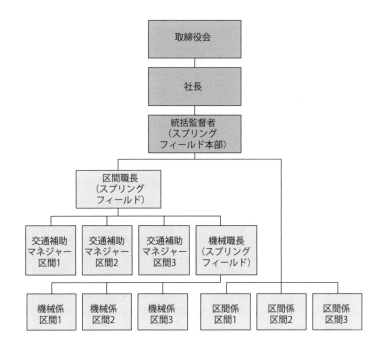

参照：チャンドラー（1977年）からの再構成

を通じて展開された（**垂直統合**）。この発展は特に生産と流通（前方統合）の統合に該当し、原理的に過剰生産能力に直面した市場の保護または生産開発、生産過程そして市場育成の調整のために企てられた。もちろん競争状況における非統合的な市場処理に対して長期的な統合戦略を持たなければならない、それによって収益優位と費用優位が生じる。実際は今日における企業理論の中で1つの中心的な主張は、大企業における複合的な調整課題の"組織的"な解が、マネジメント機能の展開、専門化そして効率化によって、多くの場合で市場調整よりも少ない（取引）費用をもたらしえる（Coase 1937, Williamson 1975）。

2. 成長はさらに過剰生産企業の形成によって加速された。この範囲内で

は、新企業の出現によって想定される市場が狭くなり、その飽和現象によって急速な市場成長が結果としてもう多くを期待できないような状況で、大企業は事業を他の多くを約束できる分野にそして海外市場に拡大した。既に産業化の早い段階で観察された**多角化**への努力は、企業の方向付け問題（また再び）を複雑にし、そしてマネジメント体系の形成による大企業の方向付け課題の"非個人化"をも同様に強制した（Chandler 1962）。

アメリカの鉄道会社における新しいマネジメント機能の発見と展開は、鉄道の増設とそれに関連した業務において日々行われていた実務者の成果に明らかに表れた。それが未解決の調整問題に同じく直接的な圧力となりそしてそのために解答を見つけなければならなかった。それは—改めて言えば—鉄道会社から直接に引き継がれた、軍隊または公的機関の管理のように、同様の問題と向き合った、他の大組織からの経験ではないように見えた。この分野が鉄道組織におけるマネジメント知識の源泉であったにもかかわらず、それは鉄道で雇われた、すなわち整備士と統括役人の育成のために寄与した（Chandler 1977: 95, Kaufman 1995 も参照）。

ドイツにおいては異なる展開を示した。ここでは公共的管理から引き継がれた、組織的な解答が（そこでは熟練した官僚を）目標とされ、そして成長する私企業の特別な要求に適応された。課題区分そして指示権限は—専門知識の区分け、情報についてそして他の慣例と一緒に—細目について練り上げられそして文書で規定された。全体的に—コッカの意見では（Kocka 1975: 86 f）—公共的管理からの問題解決の見本の引継ぎは、成立しつつある大会社における初期の体系的なマネジメントの展開のために好都合であったし、そして企業成長と経済成長を容易にした（Chandler 1990: 393 ff も参照）。

マネジメントの創設史理解のために、以前の所有者型企業が信用を個人に置いたという、自身を開放するための、課題の**代表**というようなものをここでは想定しないことがそこまで重要でないように見える。代表概念はさても何が代表されるのか、という自己の課題範囲に再び戻る可能性を含んでいる。それは大企業の所有者が、つまり構造的な理由から個人的な能力と

願望から全く逃れることはできないのである。大企業を経営する課題は、この課題の複雑性のために原則的に個々人によってはもう克服されない。個人の情報処理能力そして調整能力はそのためにはおよそ軽微である。その上でマネジメント機能が内容的に発展しそして差別化される以上、それが教育可能で学習可能になった。所有者であるという特質は、大企業の成立によって企業経営のための十分な資格ではなくなった。決定的なのは教育と実践によって獲得されたマネジャーとしての専門能力である。マネジャーであることは職業になった。この職業化によって必然的に関連する特殊性は、所有企業家にあるすべての方向付け課題の背後代表制に対するさらなる構造的障害である（Kocka 1971: 347ff）。マネジメントの展開は不可逆であるとも表現されよう。

2.2 マネジメントの思想史：流派、学説、動向

　マネジメントの示唆される職業性は、すなわちマネジャーの独特な職業としての専門教育が-他の職業教育と同じように-多様な外的特徴を確認でき、これは職業的な連盟の創設、職業に関連した専門雑誌の創刊、共通の興味関心について議論することが可能な会議編成、そして特に一定の質的基準を充足しなければならない教育課程の開設である（これに批判的なDonham 1962 を参照）。この全活動は、実践において獲得された新たな知識を記録し、概念的そして体系的に貫徹しそして大幅に解明された意味関連に整理されることを前提に行われている。ここで既に述べられた 1868 年からのA. エミングハウスによる"一般専門業種学"は、この試みの事例である。これは今日では回想的に"マネジメントの思想史"として示される基礎になっている。

　この歴史をいずれにせよ、よく整理された累積知によって体系的に劣らない集合体として位置付けることは禁止である（それがそのように全く何かを与えるべきなら）。特殊な問題状況は全くバラバラで異質であったし、主としてそれは、その知識を記録したことに成功した実務家であった。"マ

2 マネジメントとマネジメント学の成立

ネジメント学"として—部分的に全く異なった専門名称の下で—、いずれにせよ学習計画と研究計画の急激な統合を結果として伴い、総合大学にしだいに受け入れられた。すべての新秩序の場合と同じく本当に独立した(学術的)学問分野にかかわる問題であるか否かについて争われ、そしてもしそうであるなら、どの学問分野に属する"部分分野"であらねばならないのか？ そしてすべての学問の場合と同じく隣接分野に全く簡単にはなじまない多様な学派に区分された結果、いわゆる多くは"マネジメント理論のジャングル"とは名付けている（Koontz 1961, 1980）。この統合は現在においても起こっていないし、今後も起こらないであろう。

2.2.1 単科大学における専門分野の創設

2.2.1.1 歴史的展開：アメリカとドイツ

単科大学におけるマネジメント学の創設のために、第一に実務家による重要な刊行が貢献している。総合大学と単科大学における経営経済学の創設と共に、その後マネジメントについて体系的で—ばらばらに促進させるのみならず—理論的な取り組みが始まった。新たな専攻の学問的性格に対して"科学学会"のより軽微な制約に関して争っていたアメリカ合衆国において、一番早期でそして迅速な発展が生じた。その後をドイツは追い、そして大幅な（教育体系の特性からのみ説明可能な）遅延において、産業化とそれに伴う文字通りのマネジメントの"母国"である英国が追っていた。

アメリカ合衆国においてマネジメントの職業化のための最終決定措置として総合大学への"経営実践学校（ビジネススクール）"の創立が位置付けられる（Chandler 1977: 466）。"経営実践管理（Business Administration）"における初期の進路と教育課程は、世紀の変わり目に頃に設立された。例えば1881年にまず"商学と金融のウォートン校"が、10年後にシカゴとカリフォルニアで"商学部"が創設された。アメリカ合衆国におけるすべての"経営実践学校"の高い評価を長らく意のままにする"ハーバード経営実践学校"は1908年に創設され、"経営実践管理"専攻が他の総合大学において順々に創設されていった。

2.2 マネジメントの思想史：流派、学説、動向

　"経営実践管理"における教育は、はじめから実践の要求に非常に強く重心を置いていた。一般的な商業上の専攻に付随し（会計、商法等）、例えばハーバードでも特定の**経済分野**（産業、商業、交通）におけるマネジメントに関する授業も提供された。鉄道組織のために"鉄道組織と財務"、"鉄道管理"そして"鉄道料金決定"における選択進路があった。そして1910年頃に既に個別経済分野の指導（Führung）問題をより少なくした**一般的なマネジメント課題**を前面に押し出した進路が現れた。一般マネジメント学の一部として企業政策(経営実践政策)の初期の進路がお目見えし、それは1911/12年にハーバードで初めて提供されそして既に今日において有名な「**事例手法（ケースメソッド）**」が（ハーバード法学部において法律家養成に依拠しつつ）利用された。その後順番に他の合衆国において非常に多くの新規の経営実践学校が設立された。

　およそ1920年頃にアメリカ合衆国においてマネジャーの職能階級が構築された。総合大学に体系的な職業教育があり、一般的で経済分野に関連した職能連盟が創設され、専門雑誌が創刊されそして企業助言者（コンサルタント）という職業が展開された。

　その後の総合大学におけるマネジメント教育は、決して批判がなかったわけではなかった。"経営実践学校"の実用的な措置は、例えば研究軽視でしていわゆるうわべの実践重視で理論の並列を軽視した学問であった。この批判はその後の刷新をもたらした。今日ではある意味で振り子が再び戻ってきている、増加する批判は"経営実践学校"は、理論過多で、定量過多に方向付けられ、そしてほんのわずかな実践的な企業的思想や営みを教育しているのである（Behrman/Levin 1984, Mintzberg 2004）。

　ドイツ語圏の国々(ドイツ連邦共和国、オーストリア、スイス)において19世紀末の高度な商人的教育の植民都市、つまり商業単科大学が生まれた（1898年ライプツィヒ、ウィーン、サンクトガレン）。それは総合大学のような公共的施設ではなく、個人的または都市の担い手による機関であった。それはまず商業人の一般教育を高めることをより目的とした教育提案を追及した。国民経済学、法学、会計学そして商業的計算に付随して外国語が重

要な役割を演じ、これにより外国貿易と世界経済への方針を示していた（Schneider 1995: 220, Franz/Kieser 2002: 67）。この時まだ経営経済学は存在していなかった。学術的な経営経済学へのさらなる展開においてさしあたりマネジメント機能はまだ中心的ではなかった。1920 年代において、特に"事業簿記の管理"（停滞する市場での費用管理）そしてこの領域における貢献はアングロ-アメリカ地域を明らかに超えていた会計制度の問題（特にSchmalenbach 1925, 1926）、つまり"実践的事業運営"という要求への関心が他を圧倒していた。

　国家社会主義（ナチズム）の時代において経営経済学はいずれにせよアメリカ合衆国におけるマネジメント展開から引き離された（Potthoff 2002 参照）。そして 1950 年代初めに入って、特にエッリヒ・コジオールとエッリヒ・グーテンベルクによって計画と組織の問題が強力に経営経済学の中心に突き加えられた（Gutenberg 1983, Kosiol 1959, Schneider 1995, 同様にRuehli 2002, Meffelt 2002）。

　このことから始まり企業指揮、特にマネジメントの問題に経営経済学の継続的に増加する関心が確認されねばならない。企業指揮のための講座が創設され、専門の行動科学的講座開設の過程でアメリカの—強力に社会そして心理学的に方向付けられた—組織科学から多くの講義内容が受け継がれ、一方での経営経済学そして他方におけるマネジメント学の立ち位置に関する科学理論的な原理論争、そして—アメリカにおける初期状況と同じように—"経済の総合大学研究室"のように、マネジメント実践のための科学と実践が共同した継続的教育養成機関が創設された。最終的に 1970 年代の初めにハンス・ウルリヒとエドウィン・リューリによる初期の専門教科書がお目見えし、そして 1980 年代初めにヴォルフガング・H. シュテーレも執筆した。

2.2.1.2　専門の位置付けと整理

　マネジメント学は—それが今日のように描き出されたのは—事業の方向付け問題のシステム（体系）的分析学に関する性質にある。それは抽象的な

2.2 マネジメントの思想史：流派、学説、動向

同一性原則[1]—希少性の原則と同等の—を研究するのでなく、それは**実践的な方向付け問題**にある。詳しく言えば、それは企業、特に組織の構築と方向付けの際により具体的に提示される問題である。事業の方向付け実践において生じる問題は、伝統的な尺度で範囲を定めるのに慣れているような、規律に従う型どおりの分類から根本的に引き離された。基礎研究だけが純粋な心理的または物理的な問題を識別する。方向付け問題はそれに対して実践的問題であり、それは規律に気をくばらない。それが"規律（a-disziplinär）"の性質である（Ulrich 1985）。自律的な問題解決科学そして融合科学という見方は決して異質ではなく、技術分野での技術者科学は同じ方法で定着している。

　問題志向の原則は企業の方向付けの際、すべての規律限度を越えて発生する問題を理解すること、公式化することを設計しそしてそのような知識を発生させまたは問題解決に有用である、根本的な規律になじむことを要求する（批評として Schneider 1995）。

　それら事業行為の問題に関連した課題を科学的に克服するために、実践的科学の性格にふさわしいマネジメント学の内容体系を展開しなければならない。これは基礎科学から区別される、すなわちここでは物理の手本を受け継ぐべきではない。この行為知識と問題解決知識は問題と連携する特別な知識であり、そしてそれ独自の方法を持っている。それは基礎科学に引けを取らない独自の科学的内容体系にかかわる問題であると言える。

　記述的方法における問題関連は"**価値自由**"が可能ではない。それは悪いよりも良い問題解決を優遇しなければならないため、そして連続して該当する関連的意思決定と選択的意思決定のために淘汰基準が必要なことからも無理である。マネジメント学はそのことから必然的に規範である。マネジメント学はこの意味から従って"実践的科学"である。もし長らく価値自由な科学の考えに固執したのであれば、マネジメント学はその行為根拠の規範的反応がぜひとも必要である。

---

[1] 同一性原則（Identitäts-prinzip）：区分されることで変らず等しいこと。差異性の逆の意味、均一であり（同一性）のこと。

2　マネジメントとマネジメント学の成立

まとめて言うならば、マネジメント学は特別な種類の科学的規律である、それは問題志向性の要請において構造化しそして展開している。問題志向性は基本規律とは構造的に異なって関わっているし、全く異なった規準（Maxime）の下で研究されている。

2.2.2　学説の展開（学派）

マネジメントの思考史をより詳しく考察すると、特定の志向範囲、中心理論的な先導思考の優勢によって特徴付けられる、多かれ少なかれ良く区分可能な"思考潮流"の順序が形成されている。この志向枠組はこの時代の初めに分類されていた。マネジメント学が決して特定の"時代"に沿って展開しているのではなく、時間的に並行した、多様な理論的位置付け範囲で展開しているのが、よりはっきりと際立っている。もし既に展開の始まりで新時代の変化がその他に常に同意されないならば、古い考えは全く"思い切って振り捨てそして新たに置き換えられるということが今日ではより良くあてはまる。この意味で、既に展開した関連枠組みの補完、そして総じて研究の空白部分の位置付けと充足がより重要になる。その際、それは下部規律的に理解されたマネジメント学に、実践的な方向付け問題に位置付けることによる多様な位置範囲で発展した知識を再度融合し、そしてそれによって多様な観点の背景によって有効にすることに欠かせない。重要な思考潮流は大まかに以下のように分類される。

- ■マネジメント古典期の代表的人物
- ■行動科学的接近
- ■数学的－数量的接近
- ■システム理論的接近
- ■新制度的そして制度経済学的接近
- ■進化志向そして仮定志向からの接近

この６つの思考潮流における配分では、明らかにマネジメント学すべての詳細な区分が把握されていない。この荒い概観は中心の観念的傾向を確定するには十分であろう。ここでは—他の言葉で言えば—全学説の詳細な

記述は行わない。

2.2.2.1　マネジメント古典期の代表的人物

　マネジメント思考史の初期において—既に述べたが—彼らの実践方式と実践済みの思考を体系的に整理しそして記録することを試みた作者の業績がある。彼らの観点はその際に多かれ少なかれ広範囲に解釈されている。多数は労働過程と労働執行の最善形式化された狭い範囲のみの視点において研究しており、他では既に試みられた接近は終了し、マネジメントの機能を包括的に考慮し、そして有意義に分離している。

フレドリック・W. テイラー

　この関連で言及されなければならないそして過去 100 年の初頭でまず第一にアメリカ合衆国、その後にドイツで実務において広く共感を得た著者が、技師科学者の素養のある実務者フレドリック・W. テイラー（Frederick W. Taylor、1856〜1915 年）である。彼は「科学的的管理法（Scientific Management）」の"精神的支柱"そして主催者で、ドイツ語圏においては「科学的事業指揮（Wissenschaftliche Betriebsführung）」と不幸にも訳されている（Taylor 1911）。それは彼にとってすなわち（上位の指揮の観点から）マネジメントの総合的領域の整理された把握よりも生産過程における人間と機械の計算された投入に関する厳密な原理のほうがより重要であった。彼は原理、事例そして技術という面ではどちらかと言えば下位階層のマネジメントを念頭に置いているが、しかしながら彼によって宣伝されたマネジメント–原則はその後に自ずからマネジメント–機能の体系的整理に関する試みとして理解されている。

　工業的作業遂行を形成したそれまでに使われていた伝統的な方法にテイラーが革命を起こした、その中で彼は—特に産業における多くの実験を参考に（Copley 1923）—作業の計画と実行の一貫性を解明した。古い体系においては（職長）労働者がおり、彼がほとんどすべての労働遂行を彼の蓄積した方法に基づいて自分で考えて準備した、その後で必須の作業を行いそして最終的に結果が検査された。彼が"計画者"、"実行者"そして"検査官"

2 マネジメントとマネジメント学の成立

を一人で担った。この中で一貫性はこじ開けられそしてそれによって労働者個人が結合していた計画と検査が分解された、真っ先に作業計画が体系的に形成されそして展開される可能性が生じた。この方法において**専門化の利点**が切り開かれそしてそれが利用された。すなわち、マネジメントが労働計画と作業検査の担い手になり、労働者は（彼のための）事前に計画された（単純な）作業方針の実行に集中するよう指示（Soll）された。

それによって作業計画の際、科学的に形の整った方法の体系的利用のための領域が創られた。作業過程の研究、労働者の専門化の可能性によるできる限り小さな稼業構成要素（作業分担）に作業を解体、その最善実行のための短い時間計測（最善の労働者）、高い作業効率のための条件を作業の計画によって実現するための方法研究と時間研究（産業工学）が展開されそして組み込まれていった。このように作られた潜在力の利用のために適切な労働者が選任されるべきであったし、（短期に）速成教育されるべきであり、金銭的な刺激によって高く動機付けされるべきであった。ここに人的マネジメントのための新たな課題が現れた。最終的に作業成果を吟味しそして監督するための体系的検査努力が必要になった。

"科学的事業指揮"は―それは明白になった―マネジメント階級に対応した拡充と細分化によるマネジメント課題の著しい拡張を結果として伴った。以前は職長と労働者によって処理された多くの計画課題と検査課題を今では購入、生産、品質管理そして人事制度における専門家に移した。科学的事業指揮はそれによってマネジメントの費用を著しく増加させた。そこでは同時に給付単位毎の作業費用は、広範囲の作業分割と単純作業に労働者を高度専門化することによってより強く低下させられ、総体として事業の経済的効率性に高く有利な純効果が期待された（Albers 1969: 38）。

"科学的管理法"の中心思考をテイラーはマネジメント原則（マネジャーのための一般的に通用する行為規定として理解される）に記録した。そのあとで以下の効率の良いマネジメントを要求している

■作業の広範囲の分割と同様な計画と実行との分離
■マネジメントによる実行の検査

2.2 マネジメントの思想史：流派、学説、動向

■時間研究に応じた金銭的刺激（出来高賃金）の給付に適した差別
■組織と監督課題（機能的職長体系）の機能的編制。

　流れ作業は、そしてテイラー体系の最終的な改善として今日まで通用しているし、していた。テイラーの思想は彼の生徒であったフランク・B. ギルブレス（1868〜1924）とリリアン・E. ギルブレス（1878〜1972）によって重要な観点が補足された。つまり**動作研究**は、作業実行の際に不適当でそして無駄な動作進行の排除に貢献するべきである。ヘンリー・L. ガント（1861〜1919年）はテイラーによって考案された賃金刺激体系を提案した、そして生産計画を体系化すべく、簡単で効率的な計画法と検査法が特に"ガント・チャート"によって作り出された。それは今日においては実践適用（今ではソフトウェアで補助）している。

　テイラー体系はこのように一方において成功したが、他方においては非常に多くの議論があり、それは初めから始まっていた。既に早い段階で作業からの疎外（Entfremdung）という形態で作業を行う人間のための"科学的管理法"の負の帰結を予想していた（分業とそれによる作業の意味空虚化、自己決定に対して他人決定を伴う労働者の規律化と監視等々）。それが最終的にテイラー体系に対して罷業（ストライキ）と大規模な対立を生んだ時、1912年の合衆国議会は公聴会を開き、この体系が倫理的に支持されるのかまたはそれが労働者を搾取するのかを、明らかにすべきと決定した。テイラー自身この負の帰結をそのように予想しなかったしそして同様に受け入れなかった。議会の前で彼は、彼の体系がもし資本と労働が生産性上昇を分かち合う場合（"心から仲よく分かち合う協力"）にだけ機能する、という賛成する要因を述べた。彼は作業において各々の男性労働者、特に各々の女性労働者が最終的に高い賃金を求め、"経済人"として他の労働者との競争で金銭的な刺激に興味を示すという前提から出発している。彼は、ゆえに個別労働者に、可能な限り他の労働者から孤立し給付実行に専念させるように許された労働組織的な解答によりどちらかといえば妨害になりそして労働の邪魔になるような作業における人間相互間の関係性（人間関係）を置き換えようと試みた（Albers 1969: 40, Waechter 1987: 212f., Kieser 2006a）。

2 マネジメントとマネジメント学の成立

マネジメントの思想史のために—"人間関係"の非常に特殊な批判を—意味のより形式的な見方でのテイラー的思考は克服している、このことで初めてマネジメント機能の自立と整理を構想に高められた。計画と検査は独自のマネジメント機能として"科学的管理法"において具現化したのである。

アンリ・ファヨール

フレデリック・W. テイラーと並んでアンリ・ファヨール（Henri Fayol、1841～1925 年）は、技術者でフランスの前鉱業所長であり、2 番目に重要なマネジメント古典期の代表者である。マネジメント–学のための（構想的な）関連枠組みの初期原案は、彼に基づいていなければならない。実践的アメリカ人テイラーとは違うフランス人ファヨールは—彼の祖国の合理的な思想伝統を背景に—彼は初めて 1916 年に彼の著書"産業の一般的管理"の中で体系的な枠組みを追い求めた。ここではマネジメントの機能的観点の起源にどのようにそれが大まかにマネジメント過程として始められたのか位置付け、そして今日においてまでこの起源は殆どすべてのマネジメント教科書で中心的構成要素を占めている。このことからファヨールはマネジメント機能の体系化に関してさらなる"管理 14 原則"を成果豊かなマネジメントのための行為手引書として編纂した（ボックス 2.1 を参照）。

ファヨールは、以下のように最終的に 5 つのマネジメント–機能を区別し、"管理の構成要素"と名付けた。

1. 計画
2. 行為の準備としての組織
3. 命令
4. 行為自身としての調整
5. 目標とした行為の成功の認知としての検査

ファヨールにおいて計画 (1) は、将来予想とそれに向けての準備を包括している。計画は—一般的に公式化すると—企業の目的と将来的な進路を（長期的に）決定すべきである。ファヨールの見解は、そのように包括的に理解された計画が一番難しいすべてのマネジメント–機能であるのみらず、

2.2 マネジメントの思想史：流派、学説、動向

ボックス2.1

アンリ・ファヨールのマネジメント一般原則

1. 作業分担：同じ努力でのより多くのそして一番良い作業は専門化によって達成可能である。
2. 権威と責任：割り当てを与えそして服従を求める、権威は権限である。権威は責任を求め、それは当然対をなすものである。
3. 規律：規律がない企業は繁栄できない。
4. 依頼配分の一貫性：各々の作業のために従業員は一人の上司からの命令だけを受けるべきである。
5. 方向付けの一貫性：すべての努力、協力、命令は1つの目標に方向付けられなければならない（一人の上司と一つの計画"）。
6. 共通利害の下での個人利害の従属：個別従業員または集団従業員の利害は全企業を超えて優位になるべきでない。
7. 人財への報酬：人財への報酬は提供された給付のための価格である。それは公正で相応するべきである。
8. 集権化：集権化は各々の組織における自然な構成要素である、すべての意思決定は一か所に集められなければならない。集権化の最適範囲は各々の企業単位毎に見出されなければならない。
9. スカラー連鎖[2]：階層性は最上位の権威に始まり最下層の指揮階層に及ぶ規定の手続きである。これはすべての伝達が連続的でなければならない経路である。例外として水平的な伝達も容認されうる（"架け橋"）。
10. 整理：各々の労働者と各々のモノは元の場所に、そしてすべては元の場所に。
11. 公平：企業指導者はすべての指揮階層において公平で公正な意識を発展させることに励めるべきである。
12. 安定的な指揮幹部：勝手の分かる指揮能力のために長時間を要する。頻繁な配置換えは非生産的である。
13. 主導力：主導力は計画を考え出しそしてその成功を確実なものにするための力である。全従業員の主導力は各々企業のための強さの源である。
14. 団結心：強靭さは団結にある。

出典：Fayol 1929

2　階層性、ヒエラルヒー。

(彼の時代の)マネジメントを根本から改善するための準備でもあった。"無計画"行為は非常に多くの企業阻害と破壊の原因となる、ためらい行動、間違った処置そして突然の進路変更へと誘惑する(Fayol 1929)。ファヨールの時代に計画について語ったことは現在においては全く月並みなことのように見える、それなのに彼の言明を時間的に理解しなければならない。それは当時では決して計画と実行を区別することは、もちろんのこと無かったのである(参照 Massie 1965:388)。

<u>組織化 (2)</u> は、計画されたことが実現されそして従業員によるこの構造の配置に寄与すべき、企業のための目的に合致した(組織的–)構造の立案と実現を意味している。ファヨールはまだ明白なマネジメント機能として"組織"と"人員配置"とを区別していなかった。この分離は後になって初めて生じた。組織は—そのように見える—ファヨールにおいて計画のための用具的関係性に本質があり("目的のための手段"である)、しかし同時に行為(全く事実の作業実行として)の準備も含まれる。加えて、組織の構造的観点で指摘される点は、効率的な組織構想のための意味において"人間的要素"のトーンダウンを同時に誘う、このトーンダウンはマネジメントのすべての古典において典型的である。ファヨールにとって組織構想は技術者課題(組織工学)である。これは1930年代GM社の副会長であったジェームズ・D. ムーニーの後の引用からも非常に明らかに表現される、もし彼が人間的努力の組織的調整に関して述べるならば、「その仕事は、したがってその仕事に就いている人それ自体に先行する、そしてかような仕事の調整のように聞こえる、仕事として単純に考えなければならない、そして人間的要素の効率的調整に一番のそして必要な条件でなければならない」(Mooney 1937: 92)。

組織は公式組織を意味しそして人間の間ではなく、立場の間にかかわりがある。人間は起案された構造で摩擦なくそして効率中立的と仮定されている。同じく"組織–機械"が起案されている。この構造における限界と共に—そのように見える—組織概念の重要な制約が伴い、それはその後に古典期の代表的人物と共に批判的論争で、視野を広げることとなりそして"組織

2.2 マネジメントの思想史：流派、学説、動向

内の（人間の）行動"を考慮するきっかけを与えた。

　それゆえ、組織は全課題の分業的克服のための構造を如何に用意するか、それが課題実行のための段取りを提供し、しかしそれを（まだ）それ自身では遂行しないのである。これはファヨールによれば"命令"(3) と"調整"(4) 機能の課題となる。

　労働実行における組織の前に行う（部分）課題が組み替えられること、それは多様な利害と動機にもかかわらず企業の統一的な目標設定に労働する人間の給付貢献を合わせることを必要とする。これは命令権を通じて達成されるべきである。この命令は同時に組織構成員の部分的利害に対して総意の"一般的利害"の効果を発揮させそしてこの方法で行為可能な統一性が形作られる。マネジメント機能"命令"のこの解釈は、リンダル・ウルヴィックの主張によって詳細に明らかになり (Urwick 1961: 115)、企業の指揮は、内面的個人利害が一般的利害を損なわにように保証されねばならない、すなわち—野心、占有欲、立場または給与に関する個人的紛争そして個人的権力欲が企業の一般的利害に順応する。

　ファヨール思想の主張者と継続的改善者の一人、ウルヴィックの引用において、所与の組織構造における人間の統合が問題として理解されることは全く明白で、命令の方法について本源的に解くことが可能であるし、そしてそうすべきである。初めて行動科学的組織論の後続研究が"統合問題"に違った方法で取り掛かり、そして統合手段としての"命令"の継続的利用なしに組織目標と参加者目標の接近が可能になる、どのような組織形態とマネジメント機能"指揮"の範囲における動機付けを計算に入れられるかそして人間の動機付け（特に要求）に関しても明白に尋ねている。

　企業行動における命令権の行使のために言及された 14 のマネジメント原則の並びには意味がある（ボックス 2.1 を参照）。指揮の統合を保証するために、企業上部に意思決定のための最終的な責任があるという考えにおいて、例えば集中化の特定範囲が確定されなければならない。命令権の行使に関連した他のマネジメント原則は、"委任分割の統合"に該当する、つまり部下は一人の上司からの指令だけを受け取るべきであるという要請に該当

2　マネジメントとマネジメント学の成立

し、さらに企業上部から下位のマネジメント階層への階層的な上部規律関係そして下部規律関係としての命令回路が延びている階層的調整に該当し、最終的に指揮幹部における集団精神（"団結心"）の育成に該当する。

　"調整"(4)はファヨールにとって、企業活動における多様な仕事と資源が空間的、時間的そして物的に統一的行為関連に調和する課題でなければならない。ファヨールがここで想定するのは、例えば作業進行での偶発的な障害や変更を効率的に修正するため、各々のマネジャーは毎日毎日の言及された他の機能に沿って自主的な調整活動を発揮しなければならない、ということを考えている。上司と従業員間の協議はこのために適切な手段であろう。ここですべてのマネジメント機能は、多様な分業的課題実行が統合体に調整されるという、最終的に1つだけの目標を持つことが確かに展望されている。ゆえに今日において—第1章で言及したように—調整は、独立したマネジメント機能ではなく、マネジメント機能が最終的に実際の目標を満たしているかを見ている。

　マネジメント機能"検査"(5)はファヨールによると計画に事業行為の実現した成果を帰還（フィードバック）させることを最終的に意味する。検査は、すべてが成立した計画、編み出された規定そして作成された原則との合意で進行しているか否かを吟味する。検査はそれによって体系的に観察され、他のすべてのマネジメント機能が物的そして時間的に従属配置される。

　マネジメント学へのアンリ・ファヨールの革新的な貢献は—多くの今日的観点から次の時代に明らかに欠如した—上位マネジメント層の観点から"マネジメント機能の学"としての体系的概念化を見なければならない。それはこのような体系化の試みなしに企てられそして選択的問題処理ゆえに全く行うことができなかった、テイラー的評価からファヨール的評価を区別した概念的な業績である。なぜならそれはアメリカ合衆国においてファヨールがそこで比較的遅れて受容されたのに対して、テイラーが非常に早く大きな影響を獲得した、アングロ・アメリカ的な実用主義に起因しているであろう。いつそしてどの程度広く今日のマネジメント学が、第1章でものべたように、"マネジメント過程の学問"として理解されるのか、その学問

2.2 マネジメントの思想史：流派、学説、動向

はテイラー的な事業所指揮の学問としてよりもファヨールの体系的根源に基づいている。マーシーは、「マネジメントの根本的機能の識別は伝統的理論家の思考を一般型に方向付けた。この型はマネジメント過程を理解する実務家の補助のため単純で、分析的でそして率直な手法を提供した。それはマネジメント業務を解説するための一般に認識された'唯一の'方法になった」と要約している（Massie 1965: 390）。

アンリ・ファヨールの2つ目の業績は、学説的な行為原則にマネジメント機能をまとめた彼の努力に見ることができる。マネジメント–原則に初めから結び付いていた考えは、すべての状況の制約下での厳守が企業指揮の効率性を保証するのであれば、**普遍的な妥当性**が主張されたであろう。多くの執筆者によって今日まで固持されている、この普遍的命題に対して、例えばマネジメント様式の文化関連性に注視したような研究者によって批判が突き付けられている。西洋の産業国家的な成功を持つ原則—そのような命題—は、例えば極東文化に適用させるにはふさわしくないであろう。マネジメント理論の普遍的妥当性に関する議論は、今日においてまで意味を失っていない（Alon 他 2011）。

マックス・ウェーバー

アメリカ人のフレドリック・W. テイラーとフランス人のアンリ・ファヨールと並んで全マネジメント–教科書の古典的代表者系列に著名なドイツの社会学者マックス・ウェーバー（Max Weber、1864～1920年）が定期的に挙げられている。マックス・ウェーバーは本来の意味で"マネジメント理論家"でなく、"官僚機構の支配"に関する研究において国や営利体の近代的大型組織の機能方法理解のため重要な基盤を築きそしてそれゆえ同時にマネジメント機能"組織"に関して決定的な貢献を成しとげた。マックス・ウェーバーはよく"組織理論の父"として名付けられている。彼の業績の上に後の優れたマネジメント–理論家、数ある中でチェスター・I. バーナードも基づいている。フレドリック・W. テイラーとアンリ・ファヨールに対してマックス・ウェーバーは事業指揮の最適化に関する原則を提示するので

2　マネジメントとマネジメント学の成立

なく、大型組織の諸機能を統制行使の形式的に最も合理的な形態としての官僚機構の理想型で説明する。彼は、どのようにそれが大型組織で、例えばどのように資本主義的な大型事業が、個人的な行為を相互関連させ、規則的に安定化しそして効率的に全体を結び付けるのに成功するかを、示そうとしている（Mayntz 1968: 27ff, Kieser 2006b）。

　ウェーバーの業績の起点は大型組織の急速な増加とその機能増加の説明必要性であった。合法の支配型、つまり法令に基づく支配は、小規模集団においてはまだ意味を持たなかった。構成員は相互の行為慣行を知っておりそして互いに次の行為について話すことができた。もし企業の成長過程において行為状況の概観可能性がいよいよ失われる時、全組織構成員の行為における規則正しさ、目標指向性そして秩序のために他のメカニズムを考慮に入れなければならなかった。この部分に"支配"(権威) のウェーバー的概念が関係する。彼は「人の服従を集団に割り当てる特殊な（または、すべての）命令のための機会を見出すこと」を意図している(Weber 1972: 122)。もしそして可能な限り長期にこの機会が成り立つなら、(階層的組織の特徴として) 命令による個人的行為の持続的調整のための"支配"に解釈が与えられるだろう。企業はそこで"支配連合"としても理解されよう。

　個人の服従の特定範囲を見出し、この機会がその基本状況に依拠する—そのように見える—ことが重要である。ここでの関心は、服従者の一時的な衰えや無力さを理由としまたは個々の組織参加者の瞬間的な物質的利得打算から成り立つような従属ではない。そんな"慌ただしい"根拠に持続的な秩序は基づいていない。これはウェーバーによれば権力関係であり、支配関係ではない。秩序がもたらす安定性は、かような"うわべの"状況的特徴に成り立つのではなく、命令に権威を持たせる正当であるという思いが、支配的要求の承認を成り立たせる。

　どこにこの正当であるという思いを基礎付け可能かという疑問が、ウェーバー分析の核心として多様な支配形態を区別している。"伝統的支配"に並んで"(神から授かった) カリスマ支配"、近代において最も重要な支配形態"合法的支配"が、その拘束が仮定された秩序に起因し、そして一般に

2.2 マネジメントの思想史：流派、学説、動向

認められる伝統または"個人の英雄力への非日常的な献身"に起因しない限り、正当性効力が他の2つの型式に対して合理的である。服従は人でなく、規則に従う。それは服従者と同様に命令者にも規則正しく適用される。観念的な規則への拘束そしてこの規則への正当であるという思いは、法的支配の特徴であり、そして官僚機構的な支配がその純粋形態である。

"官僚制支配"（理想型）は、職責の厳正な規定そして権威と責任の正確な区別、さらに上部秩序と下部秩序の拘束体系（官職階級）、基底的で習得可能な規定で進む官職指揮と全事象の行為程度によって特徴付けられる。官僚制支配は、この（そしてこれに加えて）公式的特徴の中に知覚され、行為調整のための意味を表している（ボックス 2.2 参照）。

ボックス2.2

官僚制組織のマックス・ウェーバー的な特徴
1. 官職指揮の規則連結性
2. 正確に区分された権限領域
3. 官職階級の原則（審級順序）
4. 管理機関の公文書順応（事務）
5. 官職指揮の非人間性
6. 役割従事者のための厳密に定義された資格要請
7. 固定された進路、給与階級も含む
8. 労働契協約による任用

出典：Weber 1972: 124 ff

経験が教えていると、そのようにウェーバーは意図している、それが経済（そしてそこから国家、教会、軍隊）における大規模事業の課題実行組織のための（技術的な課題克服の観点から見た）最も効率的な形態を示している。資本主義は、彼によれば官僚的機構の展開と育成において中心的な役割を演じている、そこで彼は英雄性、厳密性、安定性そして効率性にねらいを定め、そして官僚機構においてこのすべての特性が最もよく効果を発揮するのである（次ページのボックス 2.3 を参照）。

2 マネジメントとマネジメント学の成立

ボックス2.3

効率的官僚制組織

「官僚制組織の普及のための決定的な理由は、それが前々から異なった各々の形態に対して全く技術的に優越していたからであった。完全に展開された官僚制機構は、物質創造の非機械的方法に対してまさに機械のような関係である。精密さ、迅速性、明確性、行為の公文書化、継続性、秘密保持、統一性、厳格な下位秩序、摩擦の回避、物的そして人的費用は全く官僚機構的で、特徴である。教育された個人官僚による独裁統治を…最善の状態に高める。」

出典：Weber 1972: 561 f.

　普遍的効率性を、マックス・ウェーバーは（1924: 413f）—彼の文化に対する悲観的見方とは独立の—官僚制組織に要求することが可能と考えている、これは多様な方法による組織理論の後の展開で疑わしいものとなった。今日において官僚機構は完全に非効率の同義語として利用されている。その理由は、同様に既に検討される事実にあり、人間が動機付け損失なしにそして同じく効率中立的に公式的官僚機構の要求に屈せず、そしてさらに組織理論のその後の展開局面において非常に重要な問題、それは組織環境が早い変化に晒される中で、効率欠損に陥らなければならずそして官僚機構の厳しい規則拘束がいずれにせよ寸法が合わないという重要な問題を引き起こす—この問題は組織論的な論究の視野に達することができるまで"閉鎖的体系"として組織が捉えられた。やはりこの批判的な指摘は、ウェーバーの組織論への特別な意味のある貢献を削減することはできないであろう。

要　約

　伝統的学派は他の系列を成し、ここではっきりと言及されていない実務家がさらに意味のある貢献を行い（概観はGeorge 1987, Wren/Bedeian 2009を参照）、現在まで習熟されそしてマネジメント思想の理論と実践に影響を与えている。

　アンリ・ファヨールに戻る思想の中に、マネジメントを機能志向的に分析し、同様に時間経過で相互に生じた課題の論理的連続とする、マネジメント学に対するこの学派の実務的な実り豊かで持続的貢献がある。同様に

2.2 マネジメントの思想史：流派、学説、動向

この構想の背景に、学問のさらなる発展のための不確実性と限定的な性格を既に部分的に参照した（含意の）仮定による多くの系列がある。

　伝統的な試みの理想型を同様に述べているこの仮定の下で、そのさらなる経過で批判と新方針に関する理由を始めに与え、それが多かれ少なかれ人間、彼らの要求そしてその発展可能性を断念し、それと共にそしてそれを通じた協調的努力によって物的課題を克服しなければならない。このような疑問は1920年代、マネジメント研究の関心の中心に持ち込まれた。これがアメリカ合衆国における"行動科学学派"の主要な時代にある。

2.2.2.2　行動科学学派

　伝統的なマネジメントの試みによる多かれ少なかれ根本的な逸脱が一方におけるいわゆるホーソン実験においてその兆候が観察され、それはAT&T（アメリカ電話電信会社）の子会社、西部電気（Western Electric）会社のホーソン工場で1920年代終盤に企てられ、そして1932年に引き続く経済恐慌は終わった。他方においてこれはチェスター・I. バーナード（Chester I, Barnard、1886〜1961年）の功績によって提案され、すなわち有名な著書『経営者の役割』（*The function of the Executive*）がいずれにせよ仲介する立場を占めている。マネジメントの思想史において、それゆえに彼が伝統的学派と（新古典派）行動科学学派との間の"架け橋"の責任を担っている。

チェスター・I. バーナード

　"架け橋"はバーナード理論の中心的な根本思想に既に包まれており、すなわち協働のための個人（意思決定）の準備から"協働体系"としての組織の成立を説明している。公式組織は意識され、意識的に導かれそして目標に方向付けられた人間の協働といった形態に関連がある。それは「2人そしてそれ以上の人々による意識的に調整された活動及び諸力の体系」である（Barnard 1938: 73）。この定義は目標達成のために必要な能力である人間の要望、目的そして動機と（協働の目的としての）共通課題を既に結び付けている。それゆえにここで伝統的マネジメント学の課題関連的な立場が"要素人間"の結合の方向をとるのである。

2 マネジメントとマネジメント学の成立

バーナードによって提案された公式組織の定義は、"架け橋"に関する範囲以上である。この定義内に伝統理論が馴染んでおらず、そしてそれゆえに本当の革新として現れる問題設定を引き起こす。この問題設定の3つを端的に示す。

1. もし(公式)組織が、協働のために個人の意識されそして意識的に導かれたその存在の結果として生じたものであるならば、それが共通の目標(協働の動機)のための自由意志の給付と個人を結び付ける期待充足に関する疑問として組織存続に関する疑問を設定することが可能であろう。もしそれが充足されなければ、事情によってはその能力貢献を個人は減らしそして組織から分離するだろう。

組織が生き残るために、そして個人にとって共通の目標達成のため能力提供のきっかけになるために、組織は常に十分な刺激を準備しなければならないし、そうできる。これがいわゆる組織の"刺激‒貢献‒理論"である。これにバーナードから提案された組織の能率[3]と有効性[4]の区別が内在する。

- 組織は、どのように(協働する個人の判断において)個人的協働動機を充足することに、成功するかという基準において能率的である。
- 組織はどのように共通の組織目標が達成されるかという基準において有効的である。

もし組織が非能率的であるなら、それは有効的でなくそして協働が壊れるため破滅する。その逆に能率的でそして組織構成員のために期待される能力を準備するために、組織の有効性は不可欠である。ここで言いたいことは、マネジメント学のさらなる発展において有効性と能率という両概念の意味がいよいよ逆になることである。今日において能率は正しい手段の投入を意味する(経済性の原則)、それに対して有効性は目標達成と正しい目標が追求されているかという(「正しいことを行っている」)疑問に関連している(Drucker 1967: 11 ff)。それとは独立して組織の存続のためにバーナードが意味したことは、刺激と貢献間(刺激・貢献・均衡)の(長期的な)

---

[3] 能率(Effizenz):個人能力が組織能力に一致する度合い。
[4] 有効性(Effektivität):共通目標が達成されるか。

2.2 マネジメントの思想史：流派、学説、動向

均衡状態を必要としている。

2. 2つ目にバーナード業績の伝統的マネジメント学に対する革新的な思想は、開放的体系としての組織の構想化である。バーナードは（後に提示するシステム論との融合で）要するに人間でなく、公式組織の構成要素部分の諸行為（Handlungen）を重視している点にある。諸行為は協働によって互いに重なり合い適用される要素として理解され、そしてその点ではすべてを体系的に結び付ける。組織は共通の目的達成のための諸行為を常に新しく必要とし、それによってすべての個人にとって協働のきっかけにならなければならない。

この考えは伝統的概念と同じ"内部"と"外部"との間にそのような単純な境界を置いていない。バーナードにとってゆえに組織の参加者は、特に株主、従業員、債権者、納入業者そして顧客（つまり、それらの組織関連的な諸行為）である。組織はいわばすべての協働する人の連合として理解される（**組織の連合理論**）。ここからの結果としてマネジメント学は、ただ"内部組織的"な内的観点といった伝統的評価に決して限ることができないだけでなく、環境との相互関係を、とりわけ環境を取巻く要求集団を考える対象にしなければならない。

3. バーナードの組織概念から生じた並はずれた考えは、明らかに"**権威の認知理論**"である。もし組織が、協働のため参加者の意識された自由意志の心の準備に左右されるのであれば、命令に従うか否かの、人間の意思決定を権威（命令権限）との対置の指標として見なければならない。もし組織参加者が命令に従わないのであれば、それはその命令に権威が帰属していない。権威（Autorität）はその観点から、つまり組織における自身の行為のための指針として公式組織内の指示として認識する心の準備である。権威は従って組織構成員の検査可能な（自由意志の）承認によって正当性が付与された、源泉からわき出ている。その際、適法性という考えはバーナードにおいて自由意志の契約事項から結果として生じる、これは民主性の若干の要素をも含んでいる。マックス・ウェーバーの正当性概念との類似性はここで、特に"無関心圏"の追加的なバーナードの考えを考慮するなら、"妥協

する (paktierten)"秩序に対する"無理強いする (oktroyierten)"秩序による関係性に見いだされる (Weber 1972: 19)。これは信頼の前渡し方式であり、組織参加者が細かな監視なしに階層的命令を容認しそしてそれによって権威に安定への必要不可欠な基準を与えそしてそれは常にある監視可能性の機能障害から権威を保護するのである。

"個人の協働"として組織を理解する考え方は、後にマネジメント学において広く認知された。後にノーベル賞受賞者となるハーバート・A. サイモン (Herbert A. Simon) の 1945 年に刊行された"経営行動"が主に普及に貢献した。サイモンの周囲で成立した、その他の有名な業績も同じような立ち位置である。マーチとサイモンは刺激・貢献理論の基本に立脚し個人の組織への参加と離脱についての意思決定を分析し、特に組織目標の充足のために生産的な貢献を意のままにする意思決定を分析している (成果のための意思決定) (March/Simon 1958)。サイヤートとマーチは行為志向的な (非現実的仮定によって長らく概念化されなかった) 企業の理論のため最終的にこの考え方を起点とする (Cyert/March 1963)。

バーナード的な組織理論への批判は、本当に組織の成立と存在の解釈のために個人の自律的な自由意志のような根拠が何であるのかを調べずして出発点にできるのかという疑問であろう。参加、特に脱退に関する自由を経済的に妨害する社会的関係性はないのか？例えば失業を考えると、それが新しい職場を探すために、本来は職場変更を決心した、個人の機会を著しく切り詰める。別に公式化すると:個人の参加と退出の意思決定は、その経済的根拠から（も）社会的に決定される。ゆえに組織理論は自律的な（自由な）個人において無条件ではないであろう (Ortmann 1976, Staehle 1999 431 ff)。

ホーソン実験

1930 年代半ばのバーナードの非常に意味のあるそして理論上で革新的な思想は、けれどもそれが広範囲な影響力を保持するにはいくぶん時間を要した。行為科学的枠組みの突破それ自体は彼の調査によってではなく、後述するホーソン実験とそれに基づく後続研究によって達成された（参照：特に Roethlisberger/Dickson 1975、初出 1939)。それらは稼業動機、上司の役

2.2 マネジメントの思想史：流派、学説、動向

割、作業集団の意味または分業の位置価値[5]といったことに関する伝統的立場の根本的修正をその結果において導き出した。

その際ホーソン実験自身は労働生産性への身体的影響要因の調査に関して全く伝統的な調査配置によって始められた。1924年ホーソン工場の調査集団と検査集団という特定の生産群において、1つのそして変化する体系的に確定した外的労働条件を（独立変数[6]として）意図し、労働生産性との安定的な関係性（従属変数として）を実証しそして労働条件の生産性促進のためのやり方に貢献することができるかに照準を合わせた。これは"科学的管理法"のテイラー的思想に最終的に対応した方法であった。

予備調査。すべて一定に保たれた要因（湿度、室温等）の入念な監視の下で例えば、労働給付への照明状況の影響を見出すために**照明の強さ**を変化させた。結果ははじめに完全に期待と合致し、照明の強さを上昇させると生産性も上昇した。驚きであったのは、反検査目的での照明の強さを再び減少させると、それにも関わらず生産性は再び上昇した。劣悪な照明状況においてそれ自身が調査群での生産性を再び上昇させた。この結果の何が不思議であったのか、調査現場で外部条件が常に不変であったのにも関わらず、対象群における生産性が恒常的に上昇した事実である。

すべての調査期間を越えて注目群において、慣例的な科学的理論では説明することができない、生産性上昇を記録した。この批判的な状況において1927年にエルトン・メイヨーを先頭としたハーバード調査団に追加的な意見を求めた。続く調査期間でホーソン実験は、最終的に組織における人間の行為に関する決定的に新しい認識を通して有名になる。

継電器組立調査室実験。次に調査室において再度比較可能な実験が、休憩、労働日の長さまたは賃金体系といった、すなわち異なった（独立）説明変数の変化の下で行われた。それは再び同じような効果を示した。そして―新たな絶え間ない生産性上昇によって困惑した―例えば休憩、短縮された勤務日、仕事の合間における息抜きを無くし、本来の労働条件に再び戻

5　一定の秩序や組織内で人・事物などが持っている意味・価値など。
4　あるとき原因となる要因のことを「独立変数」、その結果現れるものを「従属変数」。例えば、牛乳を飲む小学生ほど背が伸びる。独立変数・・・牛乳の摂取量、従属変数・・・背の伸び率。

2　マネジメントとマネジメント学の成立

した時に生産性は更新され、そして決して以前では到達したことのない高さに上昇した。"古い"待遇に後で元に戻したことが最終的にさらに生産性を上昇させたのである。

　以前までの結果に目を通した後でそして生産性に賃金体系の正の影響という伝統的な主張を再度検討すべきとする後続研究の根拠に、賃金体系や外の労働条件ではなく感情的な領域に（以前では説明不可能であった）生産性上昇のための決定的な理由が求められることに合点がいく。人は上司や研究者の友好的な注目を感じ、その重要群の部分であることに誇りを持った。これは相互の関係性を促進しそして大規模工場での産業労働の孤独さを克服できた。研究者は"感情的連鎖反応"について一定の方法を見出し、今日では"ホーソン効果"と言っている（ボックス 2.4 参照）。この決定

ボックス2.4

ホーソン効果

　これは—伝統的な自然科学的な調査設計を意図している—ある実験に参加することをすべての労働者が知っている事実の効果として結果に"偽造した"影響を意味している。他の言葉では、観察そして検査される実験に参加する意識がホーソン実験におけるその行為に正の影響を与えた。それはしかし根本的に違うかもしれないそして正反対の反応を生じさせるかもしれない。ホーソン実験に参加した被験者はただ一時的な(つまり実験期間中だけ)彼らの行為を変化させる可能性がある、この結果は実験それ自体によって誘導された人工物であるかもしれない。ホーソン効果は今日では経験的研究における有名な"その状況"として理解されている。

　このような理由からホーソン実験の結果が却下されることは、しかしながら間違っているかもしれない。人間行為の領域において（も）正確な原因分析が可能であるという自然科学的に着想された考えは、考え抜かれていない。人間は相対する調査状況において客観であるだけでなく、常に主観でもある。この人間存在は（つまり状況を理解しそしてそれに介入する）完全に除外されえない。"ホーソン効果"は実験への参加における勤労意欲のために存在する承認と要求充足の意味を強く指摘しただけのように見える。

出典：Gillespie 1991

2.2 マネジメントの思想史：流派、学説、動向

的な結論は、レスリスバーガーとディクソンの資料に大部分を占め言及された著書『経営と労働者（Management and the Worker）』でホーソン実験の根拠になった（Walter-Busch 編纂 1999 参照）。

面接行動計画。 大規模（約 21,000 被験者）に企画された面接計画調査は、その結果から組織が（も）社会的体系として理解される明瞭な必要性を示した。聞き取りは職務状況の内部と外部での（意図しない）個人的な問題と困難に焦点が当てられ—この困難性は給付準備の減少を伴っていた。この洞察からの結論として上司は従業員の個人的な困難と情緒的な問題に注意を払うことを学習することになる。このような障害を見出し—可能な限り—その除去を心掛けるように努めるべきである（個人的相談措置）。

バンク配線作業観察室研究。 それは面接計画と並んで 1931～1932 年にホーソン工場の観察群において行われた。観察室においてモーターに巻く作業を委任された、3 つの公式作業群が作られた（これが有名な"バンク配線作業観察室"である）。各群は 3 人の"巻き手"そして接点のはんだ付けを行う一人から構成された。遠くに、すべての 3 群の品質管理を実施する 2 人の検査官が置かれた。報酬は個人的業績基準でも集団的業績基準でも行われた。特に 2 つの観察が非公式群関係の解釈に現れた。

1. 集団は"フェア（fair）な 1 日当たりの生産高"に関して即時に独自の判断を展開する。この非公式的な基準はマネジメントによって要求された（"通常の"）給付よりも低かった。非公式群の基準を守るために構成員群は特別な行動方法と相互作用を発揮した。もし 1 日の給付が例えば高くなると、"余剰"を隠しそして公式的基準で約束された量だけが報告された。"出来高破り"を服務規程の措置によって"達成する"ことが試された。給付は—それがこの観察を示した—労働者の物理的可能性に従属するのみならず、（群の）社会的基準にも従属するのである。

2. 二つ目の観察は非公式集団形成に関係している。観察室で展開した接触の方法と頻度そして社会的関係性といった分析が、3 つの公式組織を越えた 2 つの"仲間"(非公式組織) が形成されたことを明らかにした。その仲間の一員は親密な関係を互いに築いた。それは必要であれば

援助し、休憩において互いに交流する等々であった。この2つの仲間の間にはこのような接触は無かった。この非公式組織の1つへの従属、特に除外には多様な要因が決め手となっていた。例えば上司に好意的に思われたくそして彼らの仕事をまじめに考え、さらに集団活動に関して報告した、そのような労働者が排除された。労働者は—この観察からの結論は—個人として（のみ）ならず、群構成員として（も）振舞うということである。

各々の公式的組織において—その結論は—従業員の満足のために大きな意味がありそして彼らの給付に多大な影響を及ぼす非公式組織を否応なしに形成する。有能なマネジメントは—そのように一般的結論は述べている—ゆえに非公式の力を考慮に入れなければならない。

人的関係運動

ホーソン実験からの基本的認識は後にさらに深化しそして"人間関係運動"の教育計画と訓練計画へと発展し続けている。中心概念としてこの学派の中に"幸福（満足）な従業員は良い従業員"という仮定が形成された。（背後で問題とされてこなかった）伝統的な組織構造を背景として仕事場における人間相互間の関係が組織構成員の社会的要求を充足するよう形成されなければならない。これは会社の経済的能率のために必要不可欠の条件である。それは従業員の目的と組織の目的間にもう矛盾がなく成立しているように見える:社会的そして経済的合理性は完全に等しくなる。人間関係運動の調和仮定は、言ってみればテイラーの調和命題に関して、組織の合理性要求に経済的な利害志向（出来高賃金を通じて）を理由に適合することとそして上司の命令に服従させられることとは反対極である。

行為科学派はこの研究の展開に3つの中心的論題分野を具体的に示しそしてマネジメント学に統合させている、それは"組織における個人"（個人的行為、動機付け）、"組織内の集団"（集団行為）そして"組織内の上司"（上司の行為）である。

"組織内の行為"（組織行動）の疑問への明らかな方向は、伝統的な試みを

2.2 マネジメントの思想史：流派、学説、動向

有利に扱ったように、当然のことながら特に組織機能の構造的観点をさらに見失うことにもなった。如何に従業員の満足の条件を（生産性のために決定的な前提条件として）稼業状況のミクロ観点から調べるのかという範囲において、一般的な組織的規範、全組織の構造そしてそれによってあまり背景と関連しない"マクロ観点"を扱うかまたは単純に所与として受け入れるのかに立ち入っている。ここで再び後続の組織理論的研究が生じる。

人的資源の観点

人的関係運動は既に 1950 年代にその絶頂を越えることとなった。それは特に組織の（ほったらかしの）構造を再び強く理論的に有効活用する、人的資源の観点によって引き継がれた。そこでは一方に伝統的な組織構造から生じそして他方に人的能力の展開要求から生じる対立関係を診断していた。これは官僚的効率と非合理的行動との間の対立関係、規律と自律性との間の対立関係そして公式と非公式関係との間の対立関係を述べている。人的資源の浪費による結果から導かれる対立はまだ取り扱われていない。

多様な著者がこの方向における批判を先に進め、そして多かれ少なかれ詳しい解決提案が行為に関する観点そして構造に関する観点からも取組まれている。この著者の最前線にダグラス・マクレガー、クリス・アージリス、レンシス・リッカートが数えられる（MaGreger 1960, Argyris 1957, 1964、Likert 1967, 1975）。それはどのように人的資源学派が社会的要求を対象にするかのみならず、仕事場における人間の**自己実現要求**を包括的な意味で対象とした動機付け理論の考察を基礎に、個人的要求充足と経済的目標達成の調和を可能にすべく、管理原則と構造モデルが展開することを試みている。ゆえにこの再編提案は人的資源の効率的な包括利用を―一面的な紋切り型でなく―明らかに念頭においており、"人的資源の諸観点"とも言われている。

伝統的組織原則をこの観点が批判するのは、その中で人間的可能性を展開できずそして伝統的組織はゆえに非効率であることを核に指摘している。アージリスを例にすれば、年少期から成人期まで健康な人間は成熟過程

を生き抜いている、彼は―一般的に言えば―強い従属した個人から自律した個人に至る、その個人は多様な関心、異なった行為様式、自律した個人の自覚等々に特徴付けられ、それは伝統的組織が動機を失いそして給付抑制する従業員によっても身をもって知らされなければならないことに従っている。基本的に労働生産性の上昇のために考案された極端な専門化、命令網の統一性、計画と実行の分離、テイラー主義のすべての原則は、機能不全としてここで前提とした動機付け理論に焦点が当てられ実証されている。組織構造の再編がそれゆえに達成されるべきであり、具体的には、従業員にもろもろの展開可能性を提供し、意思決定参加を可能とし、人間関係での疑念の逆の信用を創造し、下から上への流れのみでない（命令に関する逆流を）多様な情報の流れを確保し、(個人に対して)組織的統一性として(従業員)集団を統合する、拡充された個人検査による外部検査の置換え等々である。ここでは最終的に効率的で人間的な組織が同等に重要であり、そしてそれによって組織的板挟み状態を成功裏に解決することも重要になる。

　人的資源学派の専門的分派は**組織**の計画した**変化**の問題を取り扱っている。この部分原則は"**組織開発**(Organisationsentwicklung)"の名前で展開されている (Bennis 1969)。この特殊な展開のための出発点は特に官僚的な組織にこの新しい考えを適用し、人的資源行動計画の実践に適用する際に多くの問題があった。この分野での研究は多様な行動手法と方法の基準に到達した。それは凝固した組織を緩め("融ける")そして組織構成員に新しさや不慣れへの不安を取り除くことにすべての焦点を合わせた。この分野の開拓者はクルト・レヴィンであった (Lewin 1947)、彼は画期的な実験によってそしてそこから導き出された練習行動計画に成果豊かな組織変革のための道を与えた。今日においてはこのような考え方は変革的組織や学習する組織という見出し語の下で再び非常に多くの関心を呼んでいる。

2.2.2.3　定量数学的志向学派

　行為科学学派に関する構想から、明らかにマネジメント機能である"計画"と"方向付け"が全く（明示的に）話題になっていないであろう。フレデ

2.2 マネジメントの思想史：流派、学説、動向

リック・W. テイラーによる（労働）生産性の上昇のための独自の価値観を高く評価しそしてアンリ・ファヨールやリンダール・ウルヴィックそして他古典期の代表人物が、マネジメント過程の初めに必ず置いているにも関わらず、行為科学的学派は組織と指揮の問題に非常に重きを置いている。これはその限りで非常に選択的な方法であり、すべてのマネジメント機能の古典的代表者が考察した文脈を完全に見失っている。

1960年代初めにマネジメント学に再びマネジメント機能である**計画と検査**ための継続的な科学的関心を、特に電気情報技術の大きな可能性を解禁し、組み込んでいる。振り子は同時に他の方向性に傾いた。すなわち、"マネジメント科学"はアングロアメリカ言語圏で学問分野のための名称となり、それはマネジメント—意思決定の計画上の準備をマネジメント学の中心的な課題設定として考え—そこで"科学（Sciense）"は以前の構想で失われていた、問題解決での数学的な緻密さ要求を発信するようになった。

計画の実行は問題のないこととして考えられていた。組織と指揮の問題は同時にこれを採用することで中和されそして計画問題による特別な取組みでの（含意的な）限界も同様に正当化された。マネジメント過程の伝統的観点は、それがアンリ・ファヨールを念頭に浮かべたように、それが—ここでは他の側面と行為的観点との対比において—つまり行為の精神的準備である、部分分野に再び縮んでしまった。この定量的-数学的志向のため、今日でもこれをマネジメント学の"数学的学派"と言っている。これは内容的そして方法論的に"企業研究"（オペレーションズリサーチ、OR）の部分分野とほとんど同じである。

企業における意思決定問題に関する数学的な再構築と解答に関する試みは、早い段階で正しいことと認められた。数学的学派の先行者として彼らの定量的方法のために例えばフレデリック・W. テイラーや彼の教え子のヘンリー・L. ガント、そして同様にカート・アンドラー（Andler 1929）が挙げられる、彼らは在庫管理の最適化のための有名な規定を開発した（"最適な単位量"）。まず初めに1940年代における線形行動計画の展開が、その後にマネジメント問題への数学的知見とアルゴリズムの継続的な適応を導

マネジメントとマネジメント学の成立

いた。このことから動的行動計画または関連計画法等のような新しい方法が発展し、企業の計画実践に採用された（Mayer 1996: 1ff.）。

　定量数学的学派はもっとも数学的方法の投入に注意することだけによって性格付けされるのではない。ここでは意思決定問題に取り組みそしてそれを解決すべきという特別な思考方式になる。この思考方式のために、意思決定問題の模型（モデル）化の試みが中心になる。設定した（実践的な）問題のためにモデルを設計し、その中で"事実の完全な相互依存性"（コジオール）から次に問題関係する点を選択しそしてこれが適切な手段の助けによって実践的目的のための問題解決に利用されるように提示される。この方法において例えば製品行動計画のための、生産体系による時間的そして局所的な単位数量の流れのための、そして短期的財務計画の範疇における払い込みと支払い高と期間のための数学的モデルが描かれる。その際に目的の機能価値を（例えば最大限の補填費用、最短の進行時間、最大の財務利益）確定的な問題に特有な制約条件の下に最適化する。このような制約条件は行動計画における可能な能力、進行期限における納入猶予または財務計画における信用限度のようなものであろう。いかなる場合でも目標達成のためのその行為帰結を考慮した相互依存的な意思決定の実態をかようなモデルと—達成可能な方法でなく直接的観点で—制約条件を守って相互に結び付けなければならないし、一緒に解決しなければならない。モデル化は多様な分岐した関連性の構造的表出に関する高度に抽象的な思考を要求する。モデル範囲は計算者（コンピューター）の投入が不可欠である。

　この短い概略は、数学的学派が計画問題に関してより良い処理のための重要な貢献を達成しそして将来において達成するであろうことを明らかにしている。この学派と共にマネジメント学を同一視することは間違いを犯すことになる、そしてそれはマネジメント機能の"計画"に関する狭い解釈によるもののみではない。このマネジメント機能内においても、計画問題が**"脆弱に構築されて"**いる、数学と電気的な情報処理による使用がすべてであるかのように押し付けている。そこでは意思決定の基礎付けのための論拠を示す基本行為が、数学的-量的な評価と解決策に交代しなければならな

い。これは例えば戦略的計画の範囲で顕著となる。より注意が必要なのは、マネジメント機能の"計画"が量的に意思決定の準備に利用尽くすことができないことである。重要な実践問題は、例えばどのように計画体系または計画過程の機能的な型を排除し、そしてそれによってマネジメント学から計画段階への参加者の行為への影響を枠外に置くのかである。意思決定の数学的準備はゆえにマネジメント学の（狭く限定された）部分分野でしかなく、ここではマネジメント機能である"計画"に配分されなければならない。"マネジメント科学"の概念はゆえに誤解を招きやすい。

2.2.2.4 システム志向的観点

システム論の基本にマネジメント学を拡張した思想は、1960年代に組み入れられた。ドイツにおいてこの思想は特にハンス・ウルリッヒ（ザンクト・ガレン）によって取り上げられそして体系的学説に展開された（Ulrich 1970）。

システム論的展開方向はその過程で全く独特であった。基本的根源は疑いなくサイバネティクスと情報理論で形成され―ここでは特にオーストリアの生物学者ルードビッヒ・フォン・ベルタランフィー（1979）の業績に言及しなければならない、そこでは注目される"一般システム理論"が展開されている。それはやがて、マネジメント学に受け継がれそして適応された針路になっている（Kast/Rosenzweig 1970）。ここで特に注視されるのはサイバネティクス的規則的循環の考え方とその企業指揮と企業検査への適用である。そこから導き出された中心的なマネジメント問題は**システム均衡**の自動的な維持と安定性である（Emery 1969）。持続批判的なフィードバック（帰還）の源として**検査**（Kontrolle）が重要な役割をマネジメント機能の下で与えられる。主なものは温度自動調節機能のモデルである。

システム論に関するより社会科学志向的な研究がそれから少ししてマネジメント学に役立てられた（例えば、Thompson 1967, Kirsch 1970, Luhmann 1972: 39ff）。

システム論的観点によって企業の**外的関係**が初めて**体系的**に包含されそ

マネジメントとマネジメント学の成立

して理論構築の対象になることが総じて成功したかのように見えた。考察の起点は複雑で変化する環境であり、そこにおいて適応作業なしに行動することは不可能である。企業は加工可能な（複合性を減少させた）単位に複合的で動的な環境問題を集団の分業過程内で変形する行為単位として理解される。環境要請に無反応でいる体系は存在することができない。これは同時に体系が常に崩壊によって脅かされることを意味している（エントロピー[7]）。

複雑で変化する環境は、多様な環境関係を包括しそして再検討するために（"最小多様度の法則[8]"）、それに対応した複合的内部構造を要求する（Ashby 1956）。この状態維持は、一度見出された解答によって完全に解決されない、継続的な問題として認識される。

開かれた体系理論における体系とは適応することとして概念化されるのみでなく、より相互環境の体系／環境関係であり、つまり企業（＝体系）は強く環境の影響下に置かれる、しかし又自身が形成している環境に影響を及ぼす可能性を持っている。体系は—そのように受け入れる—限定的な自律性を備えている、その範疇で規則的に多様な行為代案間で選択することが可能である。

体系と環境間の**境界線**の問題に関する議論は、生物学に非常に近い類似性の問題を—当初から取組んでいるように—開いている。社会体系は"死ぬ"ことがない、そしてそれゆえに生物的境界をも持っていない。"生存性"に関する言及は非常に抽象的な意味においてのみ理解されなければならない、歴史的な体系状況のみであることを意味し、それによって最終的に**規範的想定**を結果として生じさせる。これは有機的体系と社会的体系間の違いを連続性の中で必然とする。**社会的体系**は経験的に体験可能な体系境界を持たない。境界線と境界概念は基本的に体系が自身で提供しなければならないことである。簡潔で一般的に境界形成の過程を公式化すると、世界の複

---

[7] 不規則性の程度を表す量。［以下脚注は訳者注］
[8] この概念 (law of requiste variety) の要点「システムが変化し続ける環境に適応するためには、環境が持つ多様度以上にシステムは多様度を持つ必要がある」という意味でダイバーシティー・マネジメントの基本的概念になっている。

2.2 マネジメントの思想史：流派、学説、動向

合性と過度な可能性を特別な方法で制限し、減少させそして加工することを可能とする明確な行為範囲を達成することのように見える。ある専門的な事業は、例えば市場で販売することができるすべてを生産するのではなく、明確な製品と市場を選択し、そこに生産するのである。この機能は環境に関する自身の境界を確認し、それが環境への関係で体系として認識可能とする、他の選択事象によって境界を定義した他の事業から自身を区別するのである。

マネジメント学の発展のためにシステム理論は持続的な影響であり続けそしてその過程は締めくくられたとはとても言えないであろう。それは組織論のために実り多い、特にルーマンの功績におけるシステム論的思考の初期の一連の試みに見受けられる。(Seidl/Becker 2006, Beacker 2011)。マネジメント学において標準化され、システム論によって公式化された、今日における多くの論題と問題は、しかしながらこれから独立している。それは、環境の動揺に関する言及、事業の相違そして補助体系の環境または観察である。これに反して概念内にシステム理論からの影響をはじめに組み換えたのは組織論であった。卓越した適用は組織への環境影響に関する状況依存理論的研究（例 Lawrence/Lorsch 1967）そして組織と環境による相互性理論である。

最後に**資源依存定理**が欠かせない（Thompson 1967, Pfeffer/Salancik 1978）。それは広域な体系–環境関係を中心にした問題で、つまり外部資源への依存に色濃く表れる。企業は―その開始点は―基本的に自身でなく、外部組織を利用した多様なやり方での成果提供のための資源を必要とする。それによって他の組織（垂直的成果統合）への狭い交換関係に強要されている。**資源依存**に関するこの成果交換における度合いは、他の組織が保有し、どの程度まで企業関係で他の組織が必要な資源を（または代替物を入手する）提供できるか、この事業資源を必要とする程度に依存する。産出面に関しても大企業の存在に対応する状況が資源依存性にあり、計量不可能な順序を生じさせ、それは日々の給付執行の効率性を脅かしそして将来的な活動計画を妨害する**不確定要素**を含んでいる。企業はここから―自身の立

場を確保するために―計量不可能性をできる限り意のままにするよう努力しなければならない。内部的準備対策(緩衝措置、柔軟性等々)と並んで協業関係の構築がその際に大きな問題となる。資源–依存に関する観点は高まる環境操作の向上に関するかような協業戦略の統合的目盛りを提示している。それは長期的契約締結に関する協業から合弁事業(ジョイント・ベンチャー)までを網羅している。最近非常に強く観察されるネットワーク理論は同様にそこに自身の居所を見出している (Sydow 1992, Sydow/Duschek 2011)。

2.2.2.5 新制度的観点と制度経済的観点

組織理論的な新制度的主義はそうこうするうちマネジメント学のための重要な観点に成長した。この分岐は社会学的理論展開の背景ゆえに1970年代後半に形成されそしてマネジメントの多くの部分分野に中心的理論の関連枠組みを提示している。今までに挙げたマネジメントの思考学派に類似して、新制度的主義もまた一貫して練り上げられた理論を提示するのではなく、今日までに多様な問題設定による流派の大多数から構成されている (参照 Walgenbach 2002)。

新制度的主義の統合的要素は当初からその名前において示された限定性である。古い制度主義(Selznik 1957)が特定のマネジメント実践の解明に関する権力と利害の観点に焦点を当てそしてそれによって明確な役割志向を持っている一方で、新しい制度的主義はマネジメントと社会、特に社会的期待構造との間に焦点を当てている。その際、何が企業の方向を決定する社会に存在する期待と前提が、どのようにマネジメントされる手法と方法を形成するのかを中心に議論する。この意味において能率と有効性に関する受容は全く無条件に与えられるのではなく、社会における制度的前提による状況に依存している。

観察の中心点に正当性の概念ではなく新制度的主義を代表している。マネジメントすべての見出される形態が投入と産出関係の社会的に独立した最適化に置かれるのではなく、それが制度的な期待に対応しているかを中

マネジメントの思想史：流派、学説、動向

心に議論が進められる。社会的期待構造が制度に圧縮されそしてこの方法で企業に影響を与えているという仮定が根本にある。加えて新制度的主義はマネジメント研究の既にふれた**状況依存的観点**にこの理由からも結合する。

　これは特にディマジオとパウェルによって編み出された変形体がそうである（DiMaggio and Powell 1983）。彼らは組織的領域として描かれる組織環境が同一化のための圧力に向かっているということから出発している。この同形化は3つの異なる機構に還元される: (1) 強制的同形化傾向、つまり企業は正しい構造ゆえに決定されたマネジメント実践に同調しなければならない。(2) 模倣的同形化傾向、つまり企業は他の企業のマネジメント実践（"最善の方法"）をまねし借用する。そして (3) 標準的同形化傾向、つまり企業は、総合大学での特定の社会的教育構造によって教育された個人を通じて専門的なマネジメント実践を転用する。

　総じてディマジオとパウェルは、制度的マネジメント実践の転用が企業に環境の正当性の組み込みを確定させそして体系と環境間の交換をその類似性ゆえに容易とし、もしくは全く可能とさせることから出発している。

　既に1977年にはジョン・W. メイヤーとブライアン・ローワンが少なくとも外部の正当性要求とその交換要求そして内部的な能率の観点との間に強制的な関連性がないことに焦点を合わせている。この中で今日までに標準化された貢献の中に著者は"神話と儀式"としての形式的な構造に（そしてこれによるマネジメント実践の特殊形態に）注目している。彼らの議論は外的な正当性の強制力と内的なマネジメント合理性の分離を目標としている。それは特にジェームズ・D. トンプソンによって乱暴でそして動的環境によって隔離された"技術的な核"に関して引き合いに出し、初期の状況依存的な考察と連結している（Thompson 1967）。メイヤーとローワンの議論はしかし他の様相でありそして―終わったと考えられているが―非常によく展開されている。それは純粋な上っ面のため（過去の結論における）、正当性の組み込み達成のため単なる象徴としてマネジメント実践の典型になった。時々繰り返しこのようなマネジメントでの流行に関する一時的な

2　マネジメントとマネジメント学の成立

議論（Kieser 1996）が、この潮流に置かれる。"象徴的資本"を獲得しそして保持することも重要になる。何が企業を内部で本当に方向付けるのかという疑問が、それによってなおざりにされている。この極端な解釈にもかかわらずマネジメント研究に常に現れる外的に見えることと内的に実在することとの間にメイヤーとローワンが強調する差異の中心的価値がここにある。"行動(action)"と"会話(talk)"との間の違いに現れる問題とこの違いが、組織学習理論内そして学習への抵抗と変化への抵抗の克服内にずっと以前から重要な役割を与えている（Argyris 1976）。

　ポール・ディマジオとウォルター・W. パウェルもジョン・W. メイヤーとブライアン・ローワンも同様に組織によって制度をこのように位置付けない一方で、リン・G. ザッカーは組織自身を制度として見ている（Zucker 1977）。彼女はマックス・ウェーバー（1972）の根本的な意見に強く依拠し、そこで特徴的なマネジメント実践の能率と正当性との間に再び強固な関連性を再度見出している。彼女の初期研究において、どのように組織に関する内部主観的に区分された知識が行為を位置付け反応するのかについて示すことに重点を置き、後の研究で彼女は（パメラ・S. トルバートと共に）制度化の過程とどのようにそしてなぜ特定の制度が成り立つのかという疑問に焦点を当てている（Tolbert/Zucker 1996）。

　制度の成り立ちに関する疑問とともに今日までに根本的に見えなかった新制度的主義の汚点が確認され、そしてどのようにそれが理論内在的に解消するのか見当がつかない。この理論的見方の強みは、どのような意味を企業のための環境の正当性の組込みが持つのかそしてどのような役割を特定の制度がその際に演じるのかに明らかに表れる。しかしながらもし特定のマネジメント実践での意思決定過程の状況依存性そして偶然性が顧慮されるべきであるなら、新制度的主義の中心的議論スタイルという同語反復（トートロジー）に巻き込まれる。つまり、正当である何かを実行したいなら、その実行すること事態に正当性は依存しないのである。

　革新(Neuere)制度経済は制度成立のこの問題をその理論的解釈の中心に置いている。純粋な経済的合理性の明確な相対化に貢献する新制度主義に

2.2 マネジメントの思想史：流派、学説、動向

対して、革新制度経済的観点は新古典派の狭い前提外枠に集中し、つまりそれを拡張し、その中で企業と組織の制度的性格を顧慮している。伝統的なミクロ経済的観点で企業がある生産機能として存在するのではなくそして行為合理性が費用の最小化のみから導出されるのに対して、検討する制度経済的観点は企業を特殊な構造による行為体系として見ている。制度分析の中心的参照点は、その際に常に市場にあり、特に市場の回答、つまり価格機能に基づく協調形態である。この意味から企業と組織は、常に"2 番目に良い"回答なだけでありそしてもし市場機能不全が存在するなら—そのような考えを—こういった場合にのみ成立する（Williamson 1985、参照：批評 Koch 2005）。その場合において、特に階層制とみなされる、特定の制度的合意が経済的に効率の良い協調形態を構築する。

個別に異なった力点を置いた革新制度経済の 3 つの多様な接近方法が構築されている。これが**取引コスト理論**（Williamson 1972）、2 つ目の**所有権理論**（Alchian/Demsetz 1972）、そして最後に**プリンシパル–エージェント（依頼人–代理人）理論**（Jensen/Meckling 1976）である。すべてに共通なのは個人的効用の最大化観点と行為者が基本的に機会的に振舞うという仮定を基礎にしていることである。加えて、不完全情報の存在と同様にすべて予定された行動代替案の算出可能性が想定される。この 3 つの理論的束の中心的な衝撃は組織論の範囲において明白である（例えば、Schreyöegg 2008 に詳しい）、ここにおいて方向付け理論とマネジメントの特殊形態の解説の範囲内でプリンシパル（依頼人）エージェント（代理人）理論がおそらく最も大きな意味を獲得している。

それは特にエージェンシー理論が企業方向付けの基本問題を直接的に概念化しようと試みることに依拠している。その際、"プリンシパル"（依頼人）がいわゆる"エージェント"（代理人）に従事しなければならない、分業において強制的に並行して生じる稼業の移転必要性が重要になる。ここでは代理人として権限の委譲の際に生じる危険（リスク）が他の行為者への接触や経験によって稼業実行の流れの中で情報差異を獲得する（"情報の非対称性"）、彼らはその原則の利点と欠点に付け込むことが可能となる。この（2

2 マネジメントとマネジメント学の成立

進法）問題の経済的分析そして原則の可能な限りリスク限定した手法による証明が代理人（エージェンシー）理論の中心に置かれる。その際に特定の契約の束も固有問題の分離した考察も統合的な試みを非常に専門化していることが注目される（Schneider 1987, Perrow 1986）。第3章と第4章（本訳書では割愛）では特徴的な問題から始めることもそこまでにとどめることもないが、総合的マネジメント過程の複合性に取り組んできたまさに方向付け理論を解明する。

この点では制度経済的観点も総体としてマネジメント実践の成立に関する疑問の解明に関して全く限定的に貢献している。このことは経済的行為の状況依存性そして過程硬直性、同様に社会的正当性の組込みによって説明されうる時間的な観点をより重視しているのである。ここでは、改めて強化された組織的そして戦略的経路理論の枠組みで議論されたように、進化—そして特に過程志向的観点—が新たな解釈の糸口を提供している。

2.2.2.6　進化—そして過程志向的観点

進化理論もマネジメント研究において長くそして時として全く対立して導入された受容の歴史を回顧することができる。既に上述した潮流と類似してここでも次にこの進化志向的マネジメント理論は存在しないと捉える。一般的な観点（Aldrich 1979, Nelson/Winter 1982）と並んで一番有名な**個体群生態学**（Hannan/Freeman 1989）がある。この総じて強い生物学志向的観点は進化的選択過程に最大の関心がありそしてゆえにある特定の体系または体系（生物種に類似する）の個体群はその生存性を確保でき、他はそれに反して可能にならないのか、その疑問に答えようとしている。このことから個別の組織でなく、組織のタイプより観察の焦点に置いている。この思考は自然におけるように環境が常に循環して成立する体系の多様性（バリエーション）から、選別し（セレクション）、特殊な外的所与に適合せず又はまさに十分に適合せずそしてこの適合性を遺伝させずむしろ記憶（保持）できないのである。ここにも新制度的観点への明白な接近がある。不適合そしてつまり同形でない体系は選別されないそしてそれによって多様

2.2 マネジメントの思想史：流派、学説、動向

性、選別そして保持による進化過程がその推進力によって体系-個体群の発展と複合を形作る新しい体系を成立させる。

ここでの結果から個体群静態的観点は少なくともマネジメント学とは矛盾する。企業の方向付け給付の意味そして想定される体系状況は、その将来的な選択論理をまだ一度として自由にしていない。

この"最適者の生存"の一面的な選択論理は、強力なマネジメント志向的観点を（限定的な）操作可能性の明白な重視に有利なよう引き戻させた。ここでは特にカール・E. ワイクが、再びシステム論を受け継ぐ進化論的思考の変形における先駆者であろう（Weick 1979）。開放体系理論のこの形態において進化的な相互作用（"制定される"）として体系と環境間の関係が構想される。そこでの焦点は総じて（そして既に上述した"企業の行為理論"に関連する）探索過程と適合過程の意味での企業意思決定と企業戦略の展開にある。その際、マネジメントは伝統的なマネジメント観点におけるような無制限のかじ取り機能でなく、より節制された役割を担う（参照、Kirsch 1997, 2001）。それによって企業による制約された計画可能な展開過程そして企業において実際に発生する**創発的進化過程**の意味が強調される。

この意味においていわゆる資源に基づく観点（リソースベースドビュー）においても、企業資源が主要部分で目標とされた構造でなく、創発的進化の展開に由来することに焦点を合わせている。この複合的で難解な進化的展開過程ゆえに重要な意味が与えられる、なぜならそれが競争相手を通じて単純な模倣の見通せない発生ゆえに分離させられるからである（Prahalad/Hamel 1990, Barney 1991）。

この創発的進化過程の（一面的）肯定的な見方は、組織習熟とその変化能力に関する議論と同等な動態的能力（ダイナミック・ケイパビリティー）（Teece 2007, 批判：Schreyoegg/Kliesch-Eberl 2007）に関する最近の議論に拠り所を見出している（Feldman/Pentland 2003）。またもしこの議論の貢献が時折、明確な進化理論的な論拠を示さなくても、進化的過程が繰り返し自動的に体系解放とその実証的な発展促進に貢献するというゆるぎない信頼がまさにそこに現れている。しかしながらこの自動機構をさらなる研究なし

に展開することはできないであろう（Leonard-Barton 1992）。ロバート・A.バーゲルマンは、企業における2つの対立的な潮流の力関係として意図した方向付けと創発的進化過程との関連によって（誘引に対する自律的戦略的行動）誰も持ちえないその企業独自の優位性を勝ち取るべきことを構想している（Burgel-man 2002）。この念頭にしかし創発的進化過程の意味が同時に批判的に、それが企業をまた硬直（ロックイン）させうると考えるのである。

起こりうる閉鎖性この観点そしてそれに伴う企業の**硬直性**は、組織的過程と戦略的過程の理論枠内において中心に持ち込まれる（Sydow他 2009）。この観点は時間経過における企業の発展過程に焦点をあて、そしてもし諸体系の部分間にまたは環境と体系との間に優れた帰還（フィードバック）が起こるなら、そこに経路依存過程を適応することから議論が始まる（これに関する詳細は第8章（本訳書では割愛）を参照）。このようなフィードバック機能は、企業が結局自身の行為範囲により強固に制限されそして実務的に超安定しそしてそれによって変化可能になり—そしてそれが創発的進化過程の基本になるであろう。

このような過程的な観点は一方の意味で創発的進化とそれによる進化という2つの相反する価値を同時に含んでいる状態を明らかにしている。最近の操作理論はどのように創発進化的な発展と計画的操作の関連操作性を考えそして設置するかに関する解答を可能にすべきであろう。ここでの議論と並んで多くの新たに議論された流派がある。それはまだマネジメントの思想史に編纂するには時期早々であろう。

演習問題

1. なぜマネジメント機能の分離に関する初めの出発点が鉄道会社において現れたのか？
2. 何が"権限移譲の命題"について理解され、そしてどのようにそれを評価しなければならないか？
3. なぜそれがフレデリック・W. テイラーによって取り組まれた分析、マ

2.2 マネジメントの思想史：流派、学説、動向

ネジメント課題の拡張のための稼業実行の分解そして特殊化を通じて生じるのか？
4. 企業の方向付けに関するどのような観点がアンリ・ファヨールの出発点の基礎にあるか？
5. 何がマックス・ウェーバーの"合法的支配"で述べられるのか？
6. 何をチェスター・I. バーナードの"無関心圏"で理解できるのか？
7. ホーソン実験の初期の集団において生じた説明不可能であったのは何なのか？
8. 働く人に関する伝統的そして行為科学的学派間にどのような基本的な観点の相違があるのか？
9. 人的資源運動はどのような目的を持っているのか？
10. どのような意味において人的資源観点は"資源の浪費"について話しているのか？
11. どのような操作理念を数学的学派は追及しているか？
12. どうしてサイバネティクス観点はマネジメント機能的な方向付けに重きを置いているのか？
13. どのような意味が新制度的観点における正当性志向に与えられるのか？
14. どのような問題をマネジメント学のための進化理論的観点が投げかけたのか？
15. 企業集団シェルの歴史をwww.shell.comで読み、そしてマネジメント機能の分離の背景について解釈しなさい。

2 マネジメントとマネジメント学の成立

事例研究：成長での衝突

　1891年の終わりにマネスマン・パイプ工場株式会社の監査役会議長ヴェルナー・フォン・ジーメンス氏はオットー・ヘルムホルツ氏に接触しそして彼にマネスマン社の取締役に協力を乞う無駄な試みを行った。ヘルムホルツ氏は1年前にデュイスブルクに程近いマイデリッヒのライン鉄鋼工場の技術担当取締役であった。

　ヴェルナー・フォン・ジーメンス氏は1891年12月10日のヘルムホルツ氏を赤裸々に、その時の状況とマネスマン社における動向を物語っている。

　「…マネスマン氏の最大の失敗はしたがってそれが若く成功した発明家として常に完結を信じ、本格的製造のための条件をすべて持ち合わせる前に、市場に常に新しい適用をもたらすという彼らの信条そして自尊心によってそしてやり方を確信し保持することであろう！この時期はいくらかの製造がまず始められ、それはしたがって我々が見出した良くない状況であった。それは不変でそして全事業所における支持された技術を経験的に利用しなければならなかった。若いラインハルト氏とマネスマン氏は非常に独創的で、起業家でそして楽天的である。彼らはそこにブレーキ役になるような、年長で熟練した技術系の管理役を必要とした。それが今になって彼らの脇に一般指揮の取締役が任命されることに賛成した、その能力を過大評価したと判断した。」

　1892年3月2日ラインハルト・マネスマン氏は購買担当取締役の任命候補に成るであろうユリアス・フランケン氏と会談した。

　メンヒェングラートバッハ地方のビックラスで1848年に生まれたユリアス・フランケン氏は当時イタリアのミラノで特にセランのコッカリル社、マークデブルグ-バッカウのグルソン工場、ベルリンのドイツ-オーストリアのマネスマン・パイプ工場株式会社の取引事務所を担いそして代表商を務めていた。オイゲン・ランゲン（監査役会副議長）氏はユリアス・フランケン氏の調査を求めるマックス・シュタイントハル氏との協定を請け負った。フランケン氏こそがシュタイントハル氏の探し求める人であると

事例研究：成長での衝突

その回答によって確信した。それどころか彼はフレデリック・ジーメンス氏とフランケン地方のコモタウで会うことを準備しそして管理と購買について合理的に責任を取るための"十分な技術者"かどうかの疑いを抱くが、良い購買担当者と知り合ったとして、「その懸念が重要でなく、懐に落ちなければならなかったので、個人的に訪問し、それを明らかにした。」

1892年7月1日ユリアス・フランケン氏はドイツ－オーストリアのマネスマン・パイプ工場の取締役を始め、技術的観点で本質部分に成果を上げた…。

資本の予定された利子支払いは第2営業年度においても達成されなかった。それに対して、最終的な一般原価償却に160億マルクを上回る損失が計上されることとなった。

事柄の正しさを信じて資金を投資した株主は、最終的に発明者の負担になるその判断による負債を背負いたくなかった（であろう）。彼らはマネスマン一族を通じて無償株による返済を迫り、詳しく言うと特許と免許の価値がその範囲で高く見積もられた。それはラムシャイド工場の増築から、同様にジーメンス一族と一緒のランドレ地方マネスマン・ローレン工場の改造のために支出された自由資金を捻出するというマネスマン一族の意向からであった。負債はもちろん分かち合われ、マネスマン一族は疑いなしに補償することになった…。

その間に監査役会議長は入れ替わった。ヴェルナー・フォン・ジーメンス氏は1892年12月6日に死去した―マネスマン方式による工業化成熟への確信そして償いと共にクルップ氏は、「以前までマネスマン方式を軽蔑的に判断した」。しかし長期間にわたる高い財務的な支出なしには初めての利息を生まないであろうと謝罪と共に祈った。マネスマン兄弟は父親のような友人を失った、故人が彼ら自身そして彼らの発明に対して全く正当な批判を行い、同様に彼が銀行の仲介になり常に返済を猶予してもらっていた。ドイツ銀行の監査役会議長のアドルフ・フォン・ラース氏が後任に選ばれることを回避するためにマネスマン兄弟のオイゲン・ランゲン氏が監査役会議長を引き継ぐよう祈った。最終的にベルク地方エルバーフェルド出のカール・フォン・デア・ハイト氏が両派閥の好ましい妥協候補者とし

2　マネジメントとマネジメント学の成立

て選任された…。

　それでもなおマネスマン兄弟は、彼らにさらなる企業指揮の権限を手に入れられることを阻止することができなかった。1893年2月2日の会議において既に監査役会は取締役の機能を広範囲に肩代わりする技術委員会を組み込んだ。この後に"事業所委員会（Komission）"と命名された公式委員会の議長にまず初めにオイゲン・ランゲ氏が任命された。主導的立場そしてその後に委員会議長としてランゲン氏の後任に技術者のジーグフリート・ブラウ氏が1893年2月11日に雇われそして同時に圧延機事業所の仕事を任された…。

　数週間のうちに事業所委員会の構成員がボウス地方、レムシャイド地方そしてコモタウ地方のマネスマン・パイプ工場をブラウ氏の同伴の下で訪問した。その際に「この着想が詳細（苦痛）において、しかし…終了するまで、より完全なものにしなければならない」という確信に至った。引続き委員会の機能はさらに拡充された。レムシャイド事業所と特にコモタウ事業所は人的削減に関して制限された。この条件の下で一般役員としての発明者がそれ以上に満足に立ち振る舞う可能性はもうなかったそして彼は1893年の夏に監査役会議長に同年10月1日に一般役員制度から分離し、企業の監査役会に移行する要望を通告した。アルフレッド・マネスマン氏とフリッツ・コーゲル博士（マネスマン陣営）はその前に既に中央事務の役員として特にコモタウ工場の技術役員を辞めていた。

　生産と管理の組織的な新たな秩序のための道はそれによって平坦にならされた…。

　特に多くの発見と構造技術的な改良を通じてマネスマン方式を成功させたマックス・マネスマン氏は企業のさらなる発展への直接的関与を失うことに重い責任を感じていた。彼の兄弟が他の課題に取り組んでいる間そしてアメリカ合衆国での企業が継ぎ目なしの鉄パイプの製造と加工を立ち上げている間にマックス氏はドイツに留まりそして彼の影響力と家族を守るための可能性をすべて試した…。

　一般取締役からマネスマン兄弟が脱退し初めの1年が経過すると工場は極限まで減らされた事業資本による不十分な設備で創業せねばならな

かった。改造と解体は少しずつ進んだ。その際、マネスマン・パイプ工場に多くの需要がもたらされた設備は刷新されなければならずそして稼業進行は改善されなければならなかった…。

1910年までにパイプの長さを全見積りで—直径50ミリ以下の小径パイプ以外で—連結作業費用が削減され、3倍にすることができた。それに続いて寸法236ミリまでのパイプの大部分を高温で製造することに成功した。それによって高炉とそれに付随する斜め圧延機の稼働率もかなり上昇した。このことは間接的に従属した巡回圧延機の稼働率上昇をももたらした。約束されたのは燃料費用と焼き減少を削減し—最終的に相当な材料削減をも意味していた。

さらなる進歩はこの節約をただ単に予測するだけでなく、計測できたことであった。そして全マネスマン・パイプ工場における総原価を統合的に算出した。この管理はその時点で商事事務局によって可能となった。すべての注文に"荷札"が付けられそして固定比率の割増しによって原価が計算された。確かに「どのように計算しなければならないか、販売しなければならないのかをそもそも知るまでには長く時間が掛かった。もし我々が単純なパイプ曲げを計算するのであれば、個人的に計量係の・・・さんの所に行き、会計係長に挨拶をしなければならず…そして賃金を表示させた。もしこの工場の担当者に時間がないまたはやる気が無かった場合、見積もられない品物を再び持ち帰らなければならず、そして初めて取締役レメス氏はこの要望に応えることに成功した。当時は担当者の気分によって、あるいはまた同じ作業の賃金が…高くも低くもなるよう決定された。それは長きにわたる困難であった。

抜粋Wessel 1990: 66–74, 82以降：注釈は取り除いた

事例研究に関する質問

1. どのように企業指揮の発展を顧慮し描写された結果を解釈できるか（専門化命題）？
2. どのようにしてここでは彼らの境界におけるいわゆる人的解決策が接合されたのか？

2 マネジメントとマネジメント学の成立

参考文献

Albers, H. H. (1969), Principles of management, 3. Aufl., New York.

Alchian, A. A./Demsetz, H. (1972), Production, information costs and economic organization, in: American Economic Review 62, S. 777–795.

Aldrich, H. E. (1979), Organization and environment, Englewood Cliffs, N.J.

Alon, I./Child, J./Li, S./McIntyre, J. R. (2011), Globalization of Chinese firms: Theoretical universalism or particularism, in: Management and Organization Review, 7, S. 191–200.

Andler, K. (1929), Rationalisierung der Fabrikation und optimale Losgröße, München/Berlin.

Argyris, C. (1957), Personality and organization, New York.［邦訳：C. アージリス、『組織とパーソナリティー』、伊吹山太郎、中村実訳、日本能率協会、1961年］

Argyris, C. (1964), integrating the individual and the organizatio, New York.

Argyris, C. (1976), Single-loop and double-loop models in research on decision making, in: Administrative Science Quarterly 21, S. 363–375.

Ashby, W.R. (1956), Introduction to cybernetics, New York et al.

Baecker, D. (2011), Organisation und Störung, Berlin.

Barnard, C. I. (1938), The functions of the executive, Cambridge/Mass.［邦訳：C. I. バーナード、『経営者の役割（経営名著シリーズ 2)』、山本安次郎訳、ダイヤモンド社、1968年］

Barney, J. (1991), Firm resources and sustained competitive advantage, in: Journal of Management 17, S. 99–120.

Behrman, J. N./Levin, R. I. (1984), Are business schools doing their jobs?, in: Harvard Business Review 62, S. 140–142.

Bennis, W. G. (1969), Organization development, Reading/Mass.

Bertalanffy, L. v. (1979), General system theory, 6. Aufl., New York. L．［邦訳：フォン・ベルタランフィ、『一般システム理論――その基礎・発展・応用 単行本』、長野敬、太田邦昌訳、みすず書房、1973年］

Burgelman, R. A. (2002), Strategy as vector and the inertia of coevolutionary lock-in, in: Administrative Science Quarterly 47, S. 325–357.

Chandler, A. D. (1962), Strategy and structure: Chapters in the history of the industrial enterprise, Cambridge/Mass.［邦訳：アルフレッド・D. チャンドラー Jr.、『組織は戦略に従う』、有賀裕子訳、ダイヤモンド社、2004年］

Chandler, A. D. (1977), The visible hand: The managerial revolution in American business, Cambridge/Mass.

参考文献

Chandler, A. D. (1990), Scale and Scope. The dynamics of industrial capitalism, Cambridge/Mass. u. a.［邦訳：アルフレッド・D. チャンドラー Jr.、『スケールアンドスコープ――経営力発展の国際比較』、安部悦生、工藤章、日高千景、川辺信雄、西牟田祐二、山口一臣訳、有斐閣、1993 年］

Coase, R. H. (1937), The nature of the firm, in: Economica, N. S. 4, S. 386–405.

Copley, F. B. (1923), Frederick W. Taylor, Father of scientific management, Bd. I und II， New York.

Cyert, R., & March, J. (1963), A behavioral theory of the firm, Englewood Cliffs, N. J.

DiMaggio, P./Powell, W. W. (1983), The iron cage revisited: Institutional isomorphism and collective rationalities in organizational fields, in: American Sociological Review 48, S. 147–160.

Donham, P. (1962), Is management a profession?, in: Harvard Business Review 40 (5), S. 60–68.

Drucker, P. (1967), Die ideale Führungskraft (Übers. a. d. Engl.), Düsseldorf/Wien.

Emery, F. E. (Hrsg.) (1969), Systems thinking, Harmondsworth.

Emminghaus, A. (1968), Allgemeine Gewerkslehre, Berlin.

Fayol, H. (1929), Allgemeine und industrielle Verwaltung, Berlin.［邦訳：ファヨール、『産業ならびに一般の管理』、佐々木恒男訳、未来社、1972 年］

Feldman, M. S./Pentland, B. (2003), Reconceptualizing organizational routines as a source of flexibility and change, in: Administrative Science Quarterly 48, S. 94–118.

Franz, H./Kieser, A. (2002), Die Frühphase der Betriebswirtschaftslehre an Hochschulen (1898–1932), in: Gaugler, E./Köhler, R. (Hrsg.), Entwicklungen der Betriebswirtschaftslehre, Stuttgart, S. 61–85.

George, C. S. (1987), The history of management thought, 2. Aufl., Englewood Cliffs/N. J. . Gillespie, R. (1991), Manufacturing knowledge. A history of the Hawthorne experiments, Cambridge.

Gutenberg, E. (1983), Grundlagen der Betriebswirtschaftslehre, Band 1: Die Produktion, 24. Aufl., Berlin/Heidelberg/New York.［邦訳：エーリッヒ・グーテンベルグ、『経営経済学原理〈第 1 巻〉生産編』、溝口一雄、高田馨訳、千倉書房、1957 年］

Hannan, M. T./Freeman, J. (1989), Organizational ecology, Cambridge/Mass.

Jensen, M. C./Meckling, W. H. (1976), Theory of the firm: Managerial behavior, agency, costs and ownership structure, in: Journal of Financial Economics 3, S. 305–360.

Kast, F. E./Rosenzweig, J. E. (1970), Organization and management: A systems approach, New York.

2 マネジメントとマネジメント学の成立

Kaufmann, A. Zacharias, L./Karson, M. (1995), Managers versus owners, New York.

Kieser, A. (1996), Moden & Mythen des Organisierens, in: Die Betriebswirtschaft 56, S. 21–39.

Kieser, A. (2006a), Managementlehre und Taylorismus, in: Kieser, A. & Ebers, M. (Hrsg.). Organisationstheorien, 6. Aufl., Stuttgart, S. 93–132.

Kieser, A. (2006b), Max Webers Analyse der Bürokratie, in: Kieser, A. & Ebers, M. (Hrsg.), Organisationstheorien, 6. Aufl., Stuttgart, S. 63–92.

Kirsch, W. (1970), Entscheidungsprozesse, Bd. 1–3, Wiesbaden.

Kirsch, W. (1997), Wegweiser zur Konstruktion einer evolutionären Theorie der Strategischen Führung, München.

Kirsch, W. (2001), Die Führung von Unternehmen, München.

Koch, J. (2005), Markt und Organisation? Eine Dekonstruktion – Zum Verhältnis von Transaktionskostenansatz und Organisationsforschung jenseits von Opportunismusbehauptung und Opportunismusvorwurf, in: Managementforschung 15, S. 185–227.

Kocka, J. (1971), Industrielle Angestelltenschaft in frühindustrieller Zeit, in: Büsch, O. (Hrsg.): Untersuchungen zur Geschichte der frühen Industrialisierung vornehmlich im Wirtschaftsraum Berlin/Brandenburg, Berlin, S. 317–371.

Kocka, J. (1975), Unternehmer in der deutschen Industrialisierung. Göttingen.

Koontz, H. (1961), The management theory jungle, in: Academy of Management Journal 3, S. 174–188.

Koontz, H. (1980), The management theory jungle revisited, in: Academy of Management Review 2, S. 175–187.

Kosiol, E. (1959), Grundlagen und Methoden der Organisationsforschung, Berlin.

Lawrence, P. R./Lorsch, J. W. (1967), Organization and environment, Cambridge/Mass.［邦訳：ジェイ・W. ローシェ、ポール・R. ローレンス、『組織の条件適応理論—コンティジェンシー・セオリー』、吉田博訳、産業能率短期大学出版部、1977 年］

Leonard-Barton, D. (1992), Core capabilities and core rigidity: A paradox in managing new product development, in: Strategic Management Journal 13, S. 111–126.

Lewin, K. (1947), Frontiers in group dynamics, in: Human Relations 1, S. 5–41.

Likert, R. (1967), The human organization: Its management and value, New York.

Likert, R. (1975), Die integrierte Führungs- und Organisationsstruktur, Frankfurt am Main.

Luhmann, N. (1972), Soziologische Aufklärung, Bd. 1, 3. Aufl., Opladen.

March, J. G./Simon, H. A. (1958), Organizations, New York u. a.

Massie, J. L. (1965), Management theory, in: March, J. G. (Hrsg.), Handbook of organizations, Chicago, S. 387–422.

Mayntz, R. (1968), Max Webers Idealtypus der Bürokratie und die Organisationssoziologie, in: Mayntz, R. (Hrsg.), Bürokratische Organisation, Köln/Berlin, S. 27–35.

McGregor, D. (1960), The human side of enterprise, New York.［邦訳：ダグラス・マクレガー、『新版企業の人間的側面―統合と自己統制による経営』、高橋達男訳、産業能率短期大学出版部、1970年］

Meffert, H. (2002), Betriebswirtschaftslehre in den Siebziger- und Achtzigerjahren, in: Gaugler, E./Köhler, R. (Hrsg.), Entwicklungen der Betriebswirtschaftslehre, Stuttgart, S. 135–164.

Meyer, J. W./Rowan, B. (1977), Institutionalized organizations: Formal structure as a myth and ceremony, in: American Journal of Sociology 83, S. 340–363.

Meyer, M. (1996), Operations Research, Systemforschung, 4. Aufl., Stuttgart.

Mintzberg, H. (2004), Managers not MBAs, San Francisco.［邦訳：ヘンリー・ミンツバーグ、『MBAが会社を滅ぼす　マネジャーの正しい育て方』、池村千秋訳、日経BP社、2006年］

Mooney, J. D. (1937), The principles of organization, in: Gulick, L. H./Urwick, L. F. (Hrsg.): Papers on the science of adminstration, New York, S. 89–98.

Nelson, R. R./Winter, S. G. (1982), An evolutionary theory of economic change, Cambridge/Mass.

Ortmann, G. (1976), Unternehmungsziele als Ideologie, Köln.

Perrow, C. (1986), Economic theories of organization, in: Theory and Society 15 (1–2), S. 11–45.

Pfeffer, J./Salancik, G. R. (1978), The external control of organizations, New York.

Potthoff, E. (2002), Betriebswirtschaftslehre im Nationalsozialismus (1933–1945) bei politischer Gleichstellung und staatlicher Wirtschaftslenkung, in: Gaugler, E./Köhler, R. (Hrsg.), Entwicklungen der Betriebswirtschaftslehre, Stuttgart, S. 87–110.

Prahalad, C. K./Hamel, G. (1990), The core competence of the corporation, in: Harvard Business Review 68 (3), S. 79–91.［邦訳：ゲイリー・ハメル、C. K. プラハラード、『コア・コンピタンス経営―未来への競争戦略』、一條和生訳、日経経済新聞社、2001年］

Roethlisberger, F. J./Dickson, W.J. (1975), Management and the worker, 16. Aufl., Cambridge/Mass.

Rühli, E. (2002), Betriebswirtschaftslehre nach dem Zweiten Weltkrieg (1945 – ca. 1970), in: Gaugler, E./Köhler, R. (Hrsg.), Entwicklungen der Betriebswirtschaftslehre, Stuttgart, S. 111–134.

Schmalenbach, E. (1925), Grundlagen der Selbstkostenrechnung und Preispolitik, Leipzig

Schmalenbach, E. (1926), Dynamische Bilanz, 4. Aufl., Leipzig, ［邦訳：エーリッヒ・シュマーレンバッハ、『動的貸借対照表論、土岐政蔵訳、森山書店、1980 年］

Schneider, D. (1987), Agency costs and transaction costs: Flops in the principal-agent theory of financial markets, in: Bamberg, G./Spremann, K. (Hrsg.), Agency theory, information, and incentives, Berlin, S. 481–494.

Schneider, D. (1995), Betriebswirtschaftslehre, Bd. 1: Grundlagen, 2. Aufl., München/Wien.

Schreyögg, G. (1984), Unternehmensstrategie, Berlin/New York.

Schreyögg, G. (2008), Organisation: Grundlagen moderner Organisationsgestaltung, 5. Aufl., Wiesbaden.

Schreyögg, G./Kliesch-Eberl, M. (2007), How dynamic can organizational capabilities be? Towards a dual-process model of capability dynamization, in: Strategic Management Journal 28, S. 913–933.

Seidl, D./Becker, K. H. (2006), Organizations as distinction generating and processing systems: Niklas Luhmann's contribution to organization studies, in: Organization 13, S. 9–35.

Selznick, P. (1957), Leadership in administration: A sociological interpretation, New York. Simon, H. A. (1945), Administrative behavior: A study of decision-making processes in administrative organization, New York.

Staehle, W. H. (1999), Management, 8. Aufl., München.

Sydow, J. (1992), Strategische Netzwerke, Wiesbaden.

Sydow, J./Duschek, St. (2011), Management interorganisationaler Beziehungen: Netzwerke–Cluster–Allianzen, Stuttgart.

Sydow, J./Schreyögg, G./Koch, J. (2009), Organizational path dependence: Opening the black box, in: Academy of Management Review 34, S. 689–709.

Taylor, F. W. (1911), Principles of scientific management, New York. ［邦訳：フレデリック・W. テイラー、『新訳科学的管理法　マネジメントの原点』、有賀祐子訳、ダイヤモンド社、2009 年］

Teece, D. J. (2007), Explicating dynamic capabilities: The nature and microfoundations of (sustainable) enterprise performance, in: Strategic Management Journal 28, S. 1319–1350. ［邦訳：デビッド・J. ティース、『ダイナミック・ケイパビリティ戦略』、谷口和弘、蜂巣旭、川西章弘、ステラ・S. チェン訳、ダイヤモンド社、2013 年］

Thompson, J. P. (1967), Organizations in action, New York.

Tolbert, P. S./Zucker, L. (1996), The institutionalization of institutional theory, in: Clegg, S. R., Hardy, C. North, C. E. (Hrsg.): Handbook of organizational studies., London, S. 175–190.

Ulrich, H. (1970), Die Unternehmung als produktives soziales System, 2. Aufl., Bern/Stuttgart.

Ulrich, H. (1985), Von der Betriebswirtschaftslehre zur systemorientierten Managementlehre, in: Wunderer, R. (Hrsg.): Betriebswirtschaftslehre als Management- und Führungslehre, Stuttgart, S. 3–32.

Urwick, L. (1961), Grundlagen und Methoden der Unternehmensführung, Essen.

Wächter, H. (1987), Wissenschaft und Arbeitskraft, in: Zeitschrift für Arbeitswissenschaft 41, S. 212–216.

Walgenbach, P. (2002), Neoinstitutionalistische Organisationstheorie – State of the Art und Entwicklungslinien, in: Managementforschung 13, S. 155–202.

Walter-Busch, E. (1999), Das Auge der Firma, Stuttgart.

Weber, M. (1972), Wirtschaft und Gesellschaft, 5. Aufl., Tübingen. ［邦訳：マックス・ウェーバー、『支配の社会学（経済と社会）』、世良晃志郎訳、創文社、1960 年］

Weber, W. (1924), Gesammelte Aufsätze zur Soziologie und Sozialpolitik, Tübingen.

Weick, K. E. (1979), The social psychology of organizing, 2. Aufl., Reading/Mass.

Wessel, H. A. (1990), Kontinuität im Wandel, 100 Jahre Mannesmann 1890–1990. Düsseldorf.

Williamson, O. E. (1975), Markets and hierarchies: Analysis and antitrust implications, London. ［邦訳：オリバー・イートン・ウィリアムソン、『市場と企業組織』、浅沼万里、岩崎晃訳、日本評論社、1980 年］

Williamson, O. E. (1985), The economic institutions of capitalism – firms, markets, relational contracting, New York.

Wren, D. A., Bedeian, A. G. (2009), The evolution of management thought, 6. Aufl., Hoboken/N. J. Zucker, L. G. (1977), The role of institutionalization in cultural persistence, in: American Sociological Review 42, S. 726–743.

第2部　マネジメントの基本概念

第3章
市場経済におけるマネジメントの役割

- ■企業の関係集団　　　　　　　　　　　　　　　92
- ■経済における行為調整　　　　　　　　　　　　96
- ■成果志向的調整方法の枠組におけるマネジメント　100
- ■協調志向的行為としてのマネジメント　　　　　112
- 演習問題　　　　　　　　　　　　　　　　　　133
- 事例研究：チャレンジャー号の悲劇　　　　　　134
- 参考文献　　　　　　　　　　　　　　　　　　137

3 市場経済におけるマネジメントの役割

3.1 企業の関係集団

　前章で述べた概観において再構成されたマネジメントの思想史において、マネジメントの意思決定と行動に多かれ少なかれ密接な関連性のある多様な個人集団が現れた。それは例えば出資者、従業員の集団、最終消費者、顧客そして納入業者または競争相手である。特にチェスター・I. バーナードの貢献と誘因理論そして開放的体系としての企業解釈における利害集団の意味が注目を浴びた。いわゆる"ステークホルダー観点"というマネジメント学の新しい方向性はマネジメントの集団関連をさらに拡張しそしてマネジメント学の中心に持ち込んだ（Freeman 1984, Post 他 2002, Jamali 2008）。この出発点、つまり体系–環境–関係はシステム理論に由来している。ある体系は複合的環境において実証しなければならないし、環境に対して一線を画しそして同時に適切な方法で環境要求に働きかけなければならない。ステークホルダー観点において利害集団は、環境から企業に、とりわけマネジメントに多様な衝撃と徹底性によって示される要請として理解される。生存保障と行為能力のための前提条件として組織は、この要求を扱う適切な方法を見出さなければならない。

　ここで中心的な役割を手に入れた、この正当性の構想は新制度主義から成り立っている（Suchman 1995 参照）。成果豊かな組織は、その環境の承認を獲得するので、成功することに長けている。ここでは組織の行為が社会的体系（会社や部門等々）内部で支持され、望ましく、正しくまたは適当な一般的判断が**正当性**として理解される。その際、3 つの正当性の種類が区別される（Suchman 1995）。すなわち、実用的、倫理的、そして認知的正当性である。

　実用的正当性は、組織が特定要請集団の心づもりそしてまた能力、利害関係に（直接または間接に）適合することにより入手するものである。等価交換の論理は、組織の直接そして間接的な効用のための交換で許される受け入れ範囲を認めている。チェスター・I. バーナードの貢献–誘因–理論の論証に近い同系列の、特にリチャード・サイアートとG. マーチの統合理論

3.1 企業の関係集団

が見落とせない（Cyert/March 1963）。

倫理的正当性は、これに対して組織行為の規範的評価に関連している。もしその行動、構造、技術そして構成員が社会的価値そして規範と一致することを組織が説明できる場合にのみ、環境から正当性を付与される。その際、ここでは理由付けと行為方法の評価を出発点とすることに注視し（Steinmann/Loehr 1994）、単なる口先だけの公言では倫理的正当性の構築には寄与しない。実用的正当性に対して、利害集団だけを満足させることが重要と説いており（何を彼らが切望するかには関係ない）、大事なのは倫理的試練に耐える行為を捉えることである。組織は正当に倫理的な意味で行為し、そしてゆえに公正で正義として見なされる（"尊敬すべき会社"）。

認知的正当性は、観察者の観点から組織の行為が—獲得された認知の知覚ひな型を背景にすると—意味を持たなければならいしそして若干の範囲で予見できることに、最終的な必要性を見出している。言い換えれば、組織の行為ひな型は市場と社会で接続可能でなければならない。それゆえに組織は、もし行為方法が理解されそして社会の解釈ひな型ともっともらしく組み合わさるのであれば、正当であると評価される。

誰が組織の利害関係者なのか、そして彼らの誰にとりわけ注目するのか？一般的に言うと、組織の目標達成に影響を及ぼすことが可能またはその目標達成によって直接または間接に関係する集団または個人が、利害関係者として理解されるべきである—それはネットワーク、連盟そして行政も"集団"概念の下で理解される（Mitchell 他 1997, Freeman 1984）。次ページ図 3.1 は、マネジメント課題の知覚のために（潜在的に）重要とみなされる多様で可能性のある要請集団を要約して示している。その際に関係集団のこのような一覧は決して関係を絶つことができないと常に強調される、なぜなら経済生活において繰り返し新たな組織の経済行為ごとの特別な関係と共に"利害関係者"あるいはむしろグループ化が浮かび上がる（そして古いのは消滅する）からである。

企業を取り巻く（多かれ少なかれ特別な）要請集団の多様な環境での立役者としてマネジメントは—このような見方はさらなる考察のための統合

3 市場経済におけるマネジメントの役割

図3.1 利害関係者（ステークホルダー）観点における企業の関係集団

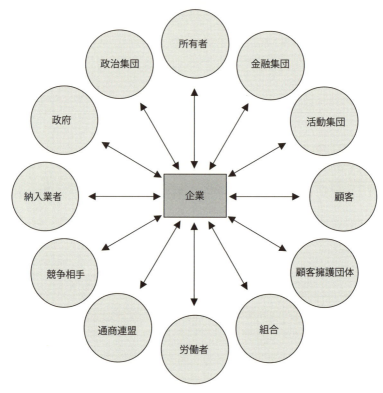

出典：Freeman 1984: 25

された出発点である、なぜならそれが組織の環境を抽象的にするのでなく、マネジメントの具体的な期待と行為実行に直接結び付くからである。しかしそれは組織とマネジメントの関係性において（実際のそして可能性のある）関係集団の差異を捉えるためにさらに区別しなければならない。マネジメントへの出資者の関係性が、購買または反対集団とは、マネジメントに臨機応変な要求、請願、脅迫そして行為提供によって全く特殊な問題（環境、児童保護等）の解決に関して依頼する異なった質の方法と徹底度になるのは明白である。とりわけ、多様な事例において個別の関係集団に関してマネ

3.1 企業の関係集団

ジメントの関係を暫定的に整理するのは法律である。それは会社法、共同決定法、労働法そして開示法が挙げられる。基本的に集団は単純に一覧（図 3.1 のように）にできるのではなく、理論的に深く探求されなければならないし、そしてマネジメントと関係集団の関係を相互に構築する規範構造を徹底的に探求しなければならない（Etzioni1997, Mitchel 他 1997）。

どのような意味を各ステークホルダーが組織のために持ちそして将来において持つことができるのかという、判断の際に位置付け補助を行うことのできる—他の言葉で言うと—秩序だった方法が必要である。少しして特別なそのための方法が"ステークホルダー分析"の名の下で展開されている（Mitchel 他 1997, Reed 他 2009）。

この提案によって**権力**、**正当性**、そして**緊急性**の度合いを組織のためのステークホルダーの比較的な意味が、測量されるべきである。それによれば以下が妥当となろう。すなわち、ある状況でステークホルダーが、ステークホルダーの影響の行使なしに行為を行わないよう組織を仕向けるなら、**権力**を持っていると考えられる。もし彼らの行為が、期待され、正しくまたは測定される社会に定着した規範体系の中で評価されるなら、**正当性**を持っている。もしステークホルダーの要求が公に直接的な注意を喚起するなら、高い**緊急性**が成り立つ。上述の 3 つの局面での多様な表現からミッチェル等は、組織の個別特殊的意味度合いごとの 7 つの形態を形作っている。

中心的な考え方は、ステークホルダーが組織の関心をより早く要求するのであれば、より色濃く 3 つの局面で捉えられなければならず、つまりより強い権力で、より広い正当性でそしてより高い緊急性でその関心事が現れる。

個々の本質的な性格はその際に不変として捉えられるのではなく、原則的に変動するのである。今日において未だ勢力のない要請団体は明日には（情報媒体に発信されることから公に影響する）勢力の可能性を得てそしてそのように意味のあるステークホルダーになる。同じく逆の可能性もあり、要請団体が決まった特性を失いそして関心の中心から脇に押しやられる。ここでは一度対象となった選抜が決して完結することがないことを表して

いる。さらに個々の本質的な性格は客観的現実を表すのでなく、社会的構造の結果であり―それによって常に修正可能―である。例えば、高まる環境意識に関して比較的一定度合で留まる行動を社会的により強力に受け入れている環境活動家の正当性度合いが挙げられよう。

もし組織とステークホルダーとの2組関係そして3組関係、またはネットワーク関係にまでステークホルダー構想の観点を広げるなら、マネジメント側もステークホルダー側も連携構築による行為の波長域を拡大する。このことはステークホルダー構想の行為範囲の向こう側にある根本的な経済秩序そして企業体制といった、広域関連性を同時に参照するように促している。ステークホルダーの観点はこれをある程度現実として受け入れている。しかしそれは後続局面において個別に表れるようなものではない。

3.2　経済における行為調整

3.2.1　2つの調整方法

事業環境における関係集団へのマネジメントの関わりは、どのように疑問となる行為者の行為を相互に関連付け、どのようにそれを評価しそして調整するのかという、方法の表れである。個々の分業的経済と社会は、やはり**行為調整**の根本的な問題に直面している。すなわち、どのように実り多い継続的調整に成功しそしてそれが将来において繰り返し可能かどうか、である。利害と意図、同様にすべての個人と集団のそこから派生する行為が相互に関連付けられるべきであろう。経済においてこの調整問題は2つの意味に区別される（Dahl/Lindblom 1953参照）。1つ目は"**計算問題**"が重要である。すなわち、どのように国民経済に利用可能な生産要素の資源が投入されるべきか、その結果として全社会的に最大の福祉が成り立つかである。2つ目の観点は"**制御問題**"である。すなわち、どのように必要な範囲ですべての人が計算された目標の達成に参加するようになるかである。どの解答が両問題設定のための経済秩序によって見出されるか否かで、マネジメントと

3.2 経済における行為調整

企業の関係集団との関わりのための異なった秩序型をも生じさせる。

上述の調整問題の解答のために**原則的**には両社会が—個別の歴史的経済秩序からまだ完全に独立していない—2つの**調整方法**を提供する、すなわち一方の協調志向的行為と他方の成果志向的行為である（Habermas 1981）。関係集団へのマネジメントのこの対置が両行為形態の背景の下でよりよく理解され、そして詳細に診断される。その際に—ここでは先取りすることなるが—成果志向的行為が価格によって導かれた金銭経済と競争経済での主導的な調整方法である。これが市場経済の構成論理の核を形成する。その際、協調志向的行為の状態や意味に関する疑問が開かれている。そのため、次に成果志向的そして協調志向的行為の中心的な概念がより詳細に把握されなければならない。

3.2.2 協調志向的調整方法

この協調型は、明瞭な論拠の十分な考慮の後で参加が共通の行為計画に同意されることを目ざしている。国会は多様な観点と利害を協調に導くための典型的な場所である。通常ここでは言明的な論証過程が計画され、発言と反対意見が野党と与党で構成されている。これはこの方法で行為のためのまともな共通志向が獲得され得るとの希望がある。この調整方法は原則として議会のみならず、多くの社会的分野で見出されうる（学会、連盟等々）。

もし論証理論的に見るなら、すべての参加者が個人的（主観的）な目標の前提を見出しそして目標達成への適当な手段に関する自由裁量の知識を論証過程に持ち込み、根拠と反対根拠が十分に吟味されるという、根本的な仮定がここでは有効であり、最終的にどのような目標が追及されるべきかそしてどのような手段で捉えられるべきかが自由に合意される。そのように獲得された行為予定は共通に見出された"良い根拠"に基づいているならその意味で筋が通って（合理的）いる。ここでは**"伝達に関する合理性"**と言うことができる（後で解説される成果志向的行為の**"主観的行為合理性"**と区別している）。協調志向的行為に位置付けられた効力は、共通に見出された協調の正しさにおける合理的に動機付けられた理解から与えられ

る。それは説得戦略、報酬戦略または処罰戦略の結果という行為とは区別され、より良い論証の承認原則が有効である。そこでは人が"良い根拠"によって説得され、"より良い論証の拘束力のない拘束"の原則が作用し、つまり個人は理解から推し計り、そしてゆえに自発的にも共通に見出された計画に同調する。これは相手が反対論証に巻き込まれそして最初から卑劣な行為または詐欺の意図（"機会主義"）を主張しないことを前提とする。

　この意味で協調志向的行為は **2つの基本的特徴** を持ち、他の行為方法である成果志向的行為から区別される。

1. 言語媒体を基礎としている協調志向的行為は、言語を通じてのみ発揮されることが可能である。そこには―お金や権力といった―他の媒体は存在せず、この助けによって論拠立てされることができる。
2. 協調志向的行為は最も優れた論拠が申し述べられる場合において、独自の利害そして立場を修正する継続的な心の準備を含んでいる。協調志向的行為は全関係者の自由な合意を目論んだ意見の一致に焦点を合わせていることが明らかになる。一度見出された意見の一致は多様な理由から、しかし常に修正可能でなければならない。すなわち、ある結果状況は、意見が一致した理由に基づいて変更することができ、新たな論拠を間違えとして議論の対象に示すことができる等々。

3.2.3　成果志向的調整方法

　成果志向的方法は協調志向的方法と対を成すことを意図しており、ここでは言語や論拠ではなく、他の媒体（権力、お金等々）による調整を生じさせる（なければならない）。万一の誤解を防止するために、ここでは実生活において成果志向的行為が言語を全く放棄することが可能で、同じく"無言語"で進行するという性格付けをもちろん意味するわけではないことを強調しなければならない。あらゆる市場での出来事は言語に頼らざるを得ない。ただここでは互いに話し論拠を示す合意が目的でなく、―必要な限りそして独自の目的と目標のために有益な―情報交換、援助の申し入れまたは場合によっては相互に取引する相手の本当の立場、利害、部分的な立ち

3.2 経済における行為調整

位置を覆い隠すのにも用いられる。

　経済理論において**主観的行為合理性**と名付けられ、そう従事することが成果志向的行為の核を形成する。すなわち、個々の行為者は、独自の参照機能と知識の中身に応じて効用を最大化する中で彼らの目的のための最適な選択肢を選ぶ。

　ここで根拠なく進められた後で、この調整方法におけるステークホルダー利害の軸合せは市場もしくは価格、または権力利用による他の方法で生じなければならない。納得させることはここで必要ではない。全関係者は最終的に個人的な要求と利害立場をそこに維持しそして打算的容認によってさしあたりいかに交渉または権力配分が現れそして客観的に有利であるかという限りで交差させられる。

　成果志向的行為において後になって—同様にその他の点において協調志向的行為においても—行為調整がうまくいかないことが判明する、なぜなら例えば隔離され実行する行為者が他の行為者の反応("戦略")を間違えて見積もるまたは(前に調整していない)個別行為の多くが"バランスよく"組み立てられないからである。もし市場機能において行為効果が(いまだ)噛み合わないなら、個人的行為計画の順応は、つまり計画を変更(バランスよく)するきっかけを持つ行為者がいなくなるまで、特に目的と手段に関する諸計画を必要とする。調整は**個人的順応過程**を通じてバランスを達成する。これは価格体系による分散型競争経済（市場経済）の基本方法に関わる問題である。

　成果志向的方法が目的選択と手段選択のための理由から交換と相互検査の意味での論拠立てを**意識的に**断念しているので、この方法がどの行為型を調整目的に投入するべきかの根本問題における最終的な判定担当にもなり得ない。このような疑問の合理的な返答は、最終的に対話においてのみ成立可能な基礎付け能力に頼らざるを得ない（Apel 1973, Wohlrapp 2008 参照）。この理由から成果志向的行為を調整目的へ効果的にするべく社会の特定分野を必要とする、それが例えば以前に理由付けた、市場経済である。この理由付けは、利害における論拠義務による経済的行為の調整が全く自由

3 市場経済におけるマネジメントの役割

であることに意義があること、そしてなぜ意義があるのか理解されなければならない。人が主観的行為の打算に応じた経済主体への成果志向的行為を最終的に全員が直面する全経済的な"打算問題と制御問題"の良い解答に導くと理解しえなければならない。**経済的合理性**はそれによって正当性が必要であるが、教義化させることは禁止である。同時に自身で正当でありうる、"生まれつき"の経済的合理性は存在しないのである。

経済的行為遂行の成果志向的調整は(計画経済の理想形に近い協調志向的調整の代わりに)、特に合理的打算問題と制御問題の**複合性**の参照によって正当化される。(国内と国際の)経済的空間における行為者の実数が、目標選択と手段選択を顧慮したすべての個別計画のもっぱら協調志向的行為に方向付けた調整への各々の試みを疑問にしているように見える。それは成果志向的調整によって達成される**効率利益**であり、この利益は分散型競争経済の根本的な正当性のための決定的な論拠を提示している。

もちろん、具体的な制度的条件の下で市場経済が作用し、つまり成果志向的行為の具体的な制度的条件の下での理由付けから自由になるべきであり、具体的な制度的条件がもう二度と(再三再四)批判的に試されなければならなくはないし、試されえないということを再び言っているのではない。競争法、従業員共同決定、消費者保護、資本市場法等々に関する議論は、まさに市場経済の影響を協調志向的な批判を伴い、場合によっては改善する、試みとして理解されなければならない。

この両行為形態の短い性格付けは、価格体系を通じた調整的市場経済と競争経済におけるマネジメントの役割を理解するための前段階として必要であった。

3.3　成果志向的調整方法の枠組におけるマネジメント

マネジメントは市場経済内に純粋な成果志向的行為として基本理念を記述している。これは当然の帰結として(歴史的に)目のあたりにする制度に反映されている。

3.3 成果志向的調整方法の枠組におけるマネジメント

3.3.1 企業の契約モデル

会社法はその中で事業行為を発揮できる枠組みを設定する。商法と特に会社法は、商業を営みたいつまり"商人"として（商法１条）、利益を得ることを目的とした財の提供とその配分過程において自己資本を危険にさらすような人に、豊富な企業形態が提供されるよう定められている。ここでは部分的に個人会社、合名会社、合資会社、有限会社、そして株式会社が述べられている。この"企業形態"は、独自の利害に応じた企業政策を法律の枠内において追求することを、資本所有者に委ねている。

資本所有者は同時に競争経済における経済的な活動拠点を作り上げる。彼らは独自に(所有者-企業)または(雇用された)事業指揮者(マネジャー)を通して、所有者（団体）に適当な長さの時間で契約された（市場）条件で労働給付を提供する準備のできた、人員との間に"行為連帯"を組織する。労働提供者は労働契約を締結し、そして資本所有者または彼らから依頼されたマネジャーの指示権限（直接権限）の条件が明記された契約に従う。

同様の方法で資本所有者は納入業者と市場状況に応じて資源材、補助材そして事業所設備のための納入契約を締結し、そして貨幣提供者は資本譲渡契約に基づいて他人資本を資本市場利子率で調達する。消費者は品質に応じた財を購入しそして価格は市場において決定される（売買契約）。

自己資本提供者（特に彼らによって基礎付けられた商法上の会社）と従業員、消費者、納入業者そして他人資本提供者との間に行為連携のための基礎的条件として契約関係による密な連結網が成り立つ、そこでは模範的な状況における契約がこうした条件を法的に拘束力ある形で記述し、それをすべての提供者と需要者相互の(給付-)競争にある市場が許容している。その際に各々の市場相手はそれ独自の利害を追求し、そしてすべての参加者の表明された利害を需要と供給によって充足するような、まさにその取引が実現される理想的な情報体系としての価格を通じた市場でその利害が組み合わせられる。各々は自身の利害を市場が許容する範囲で追求することができる。経済活動はゆえに首尾一貫して私法においても規定されている"個人的"行いである。"個人"はその際に法律を自由に利用できる。それが

3 市場経済におけるマネジメントの役割

立法者に先導モデルとそして正当性理論として用いられる"創業の契約モデル"である。創業は経済的な活動拠点として所有者団体による契約体系として考案されている。

　(生産手段への)**所有権**と**契約**は、市場経済的理想における経済的な成果志向的行為を統合するために必要かつ十分な根本的な制度であり、つまりその基礎を形成する。資本所有者は経済的リスクの担い手で、事業失敗によって損失を出す場合と成功し利益を生む場合がある。これは成果と費用との差としての(従業員と他の契約相手との固定の**契約収入**に対して)**残余収入**を意味している。彼らに全意思決定の自治を(信用-)リスクの担い手として与えている。ゆえに企業統治は"リスク、検査そして収益(損失)の統合"原則に方向付けられる。

　成果と費用の間の差が有利に推移し、十分な収益率を達成し、そして一定期間で事業運営が成功しないのなら、最終的に経済的過程からの事業の支払不能と強制的退出(支払い不能)となる。経済における成果志向的行為は、投資資本の**収益率**を最大化し、そして同時に(十分な)流動性(支払い能力)を常に確保することをマネジメントの行為期待に明らかに要求している。その際に資本市場は資本の最適配分を目指すような制度である。収益性と流動性は—そのように理解される—成果志向的企業運営の表れである。契約相手は—それは他の企業(納入業者または顧客として)または家計であろう—市場取引と同様に個人的効用(最大化)の仮説に応じて方向付けられる。

　市場経済は、理想形のようにも見える経済的行為の調整のための制度として現れ、成果志向的行為の理論的枠組みに**完全に**位置付けられる。協調志向的行為は原則ではこの経済秩序において意図されていない。その体系内に、少なくともこのモデルにあらゆる利点を推測した**自由意志**の利害の組合せとしての総体的市場取引が成立しているので、そこにこの行為形態のための必要性が成り立たないように見える。これは何が生産されるべきであるか？どの程度生産されるべきであるか？誰がどの程度稼ぐべきなのか？といった疑問について経済過程への参加者で利害の相殺に関する論

3.3 成果志向的調整方法の枠組におけるマネジメント

拠を示し合意に達すべき、全経済的そして企業的な面での必要性を主張している—ように見える—。市場体系と価格体系は純粋理論モデル内に個人的選好に基づいた完璧な**利害相殺のメカニズム**を構築している。このメカニズムがすべての協同が自由意志であり、誰も（市場において）他人を強要することができないと法律的に記述されなければならない。ある市場局面で不公平な手段で戦いまたは自分に有利に作用しうる力が成り立つことを—他の言葉で言えば—阻止しなければならない。不当な競争に対する法律そしてカルテル法はまさにこの目的に作用する。契約権そして契約違反における制裁は、計算される経済的リスクに対する補償をすべての市場相手のために提示している。破産法は、もし支払い不能になり、そしてゆえに操業を競争過程から分離しなければならない場合の、法的状況を規定している。

3.3.2 企業と価格体系の契約モデル

大雑把に上で描写したような事業の契約モデルは、市場、競争そして価格体系を使って成果志向行為に全経済的な構成を映し出している。我々が価格体系を通じた経済的行為の**協調**モデルを目的との関係で再度意識して観察した場合、市場経済での成果志向的行為の上で経済的行為の制限を機能条件が開放された下で成し遂げるべきである。

分権的に方向付けられた市場経済体系における**意思決定力**は個別企業と家計に委ねられている。集権的な計画と方向付けは実現しない。むしろ経済的行為の調整は、多様な市場で需要されそして供給された財のために成立した、価格を通じて達成される。これによって成立する**価格体系**は、—新古典派の学説においても同様に—もし成立した価格が**希少価格**[1]であるなら、個人的な経済計画の最適な調整機能を充足する。そのためにそれは多様

---

[1] Knappheights preise。同一事業内給付の制限された状況（企業内）では、多様な利用可能性の競争が成立する。この状況では、希少価格が清算価格として使用される。財の希少価格は、限界機会費用を加算した限界費用（＝あい路関連を相殺する収益）に相当する。希少価格は、企業内取引における価格設定に近い概念。（独ウィキペディア参照。https://de.wikipedia.org/wiki/Verrechnungspreis#cite_ref-ftn104_50-0、2018 年 12 月）

3 市場経済におけるマネジメントの役割

な財のための家計による効用評価を、どのように**需要機能**に表さなければならないのか、同様にどのように**供給機能**において明らかにしなければならないのか、財の生産のための費用構造に反映させる。多様な財に関する家計の相対的な効用評価の移転は、需要機能の入替を伴いそして**情報**として企業に移譲され、価格変動を起こす。供給が変化する市場状況に適合するまで生産はそれに適応する。全生産者の競争内で、供給を設定した価格で一番満足させられた、企業だけが生き残る。やりくりの下手な企業は敗退する。この方法において全企業は、市場から"限界企業"として排除されないために、費用を最小化(最低費用-結合)するよう競争によって強制される。そのように理想形において―最終消費者の効用評価に対応する―資源の最適配分を形成する。

価格体系が十分に機能するための条件は、特に家計と企業が(主観的行為合理性の意味において)合理的に行動することである。すなわち、家計は自身の効用を最大化させ、そして企業は利益を最大化する。提供側と需要側の**完全競争**モデルの理想的な条件の下で、そしてその下でだけで市場均衡が成り立ち、その際に以下の 1. と 2. が有効である。

1. 限界費用＝価格(最小の個人的平均費用において)そして
2. 限界効用＝価格(最大の個人的総効用において)である。

この状況において経済的行為者のすべての経済的計画は相互に同調し、誰もさらなる自身の計画を変更する誘因を持たない。すべての個人の要求充足が最大化され、全経済的繁栄を達成する。それが他の家計の状況を悪化させることなしに、ある家計の状況の向上を達成することが可能な他の資源配分はないのである(パレート最適)。

この新古典的な思考構造においてマネジメントは中心的な役割を与えられない。それはすべてを方向付けるのは、やはり価格体系である。すべての重要な情報をマネジメントが市場から(価格を通じて)摂取しそして最適な(費用最小の)配分決定に変換するのである。価格形成は"非人間的"でなければならない。もし価格体系が制御問題の権力自由な解答をもたらすのなら、誰も他の人に命令しないしそして計算された現実になるために必要な

ことを行うようにまさに各々が独自の効用に励むことになる。このモデルがどのように現実の経済状況を描写できるのであろうか？

3.3.3 企業の契約モデルの経験的な前提条件批判

多くの合致されなければならない条件の下、描写される形で価格体系が機能し得る、特に批判的な3つの前提条件が実証されている。それは、

- 価格体系の正確な情報機能の維持のために意思決定者（外部効果の欠如）に全経済的費用と効用を内部化、
- 価格体系の超個人的性格の維持のために経済的交換事象（生産者と消費者の権力欠如）の権力自由な実施そして
- 事業（所有権と自由裁量権の統合）の意思決定過程における資本所有者（生産手段所有者）の優位である。

もしそしてこの範囲で機能条件を十分に満たさないなら、または二度と満たさないのなら、経済事象はその純粋な私的性格を失う。これによってマネジメントの役割に関する新たな疑問が生じる。引続く議論で短く概略を述べることにする。

3.3.3.1 外部効果

明らかに経済の単なる私的（privat）性格が、価格体系を通じて完全に取り除くことができない、（家計と企業における）経済成果の見える場所に表れる。消費と生産が（多くの）他に影響を与えるあらゆる場所で、市場過程を通じてそこから結果として生じた損失（費用）そして優位（効用）を個別に組入れうることなしには、経済的行為はいやがおうでもその純粋な私的性格を失う。ゆえに市場は単独では公平な利害均衡をもたらすことができない。他の言葉で言えば、価格は間違った、または不完全な情報を含みそしてそれによって非効率になる。

外部効果は—理論的に私的な生産機能間又は消費機能の相互依存性として理解される—全経済的繁栄の達成を妨げそしてそれによって価格体系の中心的正当性の基礎に影響を与えることに理論上で反論の余地はない（例えば、Frey 1981: 75, Weimann 1995）。今日においてどの経験的範囲にそ

3　市場経済におけるマネジメントの役割

のような外部効果が想定されそしてどのようにそれに応じた適当な手段によって対処可能なのかに対する疑問は決着していない。この外部効果は法則なのかまたはただ単に付随的な周囲現象なのか？

　既に日頃の経験だけでも外部効果は付随することより多くを示している。どの経済的過程と分野を観察するかであるが、外部効果は過少評価できない役割を常に演じている。(トラックと自家用自動車による)交通は私的な要求充足を可能とするのみならず、例えば各々の交通参加者を組入れること、または考慮に入れることなく日々の交通集中による交通通過に襲われ、その自然環境と多くの人間の負担となる。鉄鋼生産は大気の負担となる。化学産業はフロン（フッ素-塩素-炭素-水素）を作り出し、オゾン層の破壊に共同の責任を負っている。化学事業または原子力発電施設からの汚水は河川における魚の状態を損なう、その結果漁業（そして他の分野）に損害を与える。このような例の連続は好きなだけ継続されよう。

　度々その存在に関わる生命の根源に打撃を与え、それによって市場を通じて自動的に誤算される経済的利点の調整または欠点の調整なしに、外部効果によって多くの人の利害が短期そして長期的に接触するがゆえに、社会的利害調整を可能にするため市場論理の向こう側の2つ目の方向付け段階への要請が成り立つ。ここでは防止策を講じることが試みられ、協調志向的行為を参照することになる。それは徐々に**政治的**空間から生じ得る、そこに外部効果の除去と内部化に注意が向けられ、経済のためにこのような（法律的な）枠組み条件が構築される。つまりもし事業者とマネジャーが—自由意志により、一般的な批評に強要され—外部効果を避けるために、または減少させるために独自の手段と方法を見出すならば、協調過程は**企業段階**においても生じ得る。より—政治と経済—両分野間の"**協力**"が、外部効果の問題を成功裏に克服するために必要になってきていると思われる。経済のより複雑化する体系に対する法律の方向付けにおける限界が、—欧州地域内においても—より感じ取られる（特に Lloepfer 1998: 214ff.）。

3.3.3.2 経済における遺贈過程

　純粋に私的事柄として経済を扱うことは、経済的交換事象の（意図的）権力自由な実施の根本的前提条件が与えられないという点においても問題になる。経済における権力が影響を及ぼす所に、独自の利害を他に押し通すことに対して経済的に決して報いない機会が成立する。それによって価格体系は誤報を得て、そして配分機能は非効率となる。このことは、経済での全遺贈過程について国民経済的競争理論の批判的立場が印象的に裏付けているように、理論的にも一般的に認められている。そこではオルド自由主義学派[2]の長期的で継続的な挑戦そして支配的な市場主義の各々の形態に対する社会的市場経済の父が想定される（Eucken 1999）。

　価格体系による効率的配分が疑問となり、どの市場における競争がもう二度と**機能可能**でないのかという経験的な疑問がここで再び議論される。権力問題に関する議論の中心において小企業と中堅企業がより少なく、数千の多くの従業を抱えそして莫大な物的資源を活用する大企業と巨大企業がより大きいことである。企業のための議論は価格体系の機能性という観点から市場権力（市場支配）と経済の集中過程を引き合いに出すばかりでなく、他の権力に関する問題のある表れをも引き合いに出している。エプスタインはアメリカ合衆国における巨大"企業"の権力の展開形態に関して以下に類別している（Epstein 1973）。

- ■経済的権力：希少な財と資源の能力、性分、質、価格そして生産条件と配分条件に影響を与えること。
- ■社会的権力は、公の生活における多様な社会的制度の類型や振舞いに大企業が影響する形態である。
- ■文化的権力：人の価値、立場そして生活様式への大企業の影響。
- ■技術的権力は、ある社会における技術的変化の方向性、範囲そして首

---

[2] オルド自由主義は、20世紀ドイツで生まれた社会思想で、フライブルク大学のヴァルター・オイケンが理論的な基礎を作り上げた。自由主義思想の1つ。オルド自由主義は新自由主義の源流の1つとされ、秩序自由主義とも言われる。オルド自由主義は社会的市場経済の基礎理論となっている。思考は独占・寡占を導く古典的自由主義（自由放任主義）と計画経済はともに全体主義や経済の破綻を導くと批判、消費者主権の経済を主張した。そのため再分配を支持、独占体制を批判している。

3 市場経済におけるマネジメントの役割

尾一貫性の形成における大企業の果たす役割の形である。
- 自然環境に関する権力：天然資源を利用しそしてグローバル地域発展にも影響を与えることの効果。
- 政治的権力、国家政策への過程と結果に影響する、大企業の可能性。
- 個人を通じた権力とは、従業員、株主、参加者そして地方自治体等としての属性において直接的であれ、社会における個人の役割に関する合意形成過程に間接的であれ影響する。

権力のこのような形態すべてが、もし経験的事象判定において確認されるのであれば、価格情報を歪曲しそして配分の効率性を疑問にする。**大企業の権力構造**は、それによって—外部効果を伴い—成果志向的行為に対する協調志向的行為という二分法というそれ以前のマネジメント役割を新たに熟考しなければならない第2の出発点に接近することになる。

この立場において大企業の権力構造の経験的な疑問は結論付けられない。多くの調査と要因が、無視されうる外縁現象だけがここで重要であるばかりではない。大企業による権力と権力行使が批判的に世間の注目を集めることで、既に経済的な日常が、繰り返し多くの場面で注目されている（Kaysen 1996、独占委員会の連続する報告書）。

もし理論的核心にすべての観察を限定するなら、企業レベルにおける**根本的な行為余地**の存在が疑問となり、それは企業的行為の解釈が市場の出来事によってのみ可能となるのではなく、行為者の個人的目標設定を含める解釈が必要となる（Kaysen/Mason 1961: 85）。完全競争で、また全く無力な状況において企業にこのような行為余地は与えられない。企業は集合適合者であり、そしてもし利益極大化集団の空きを広く出来ないなら、市場から除外される。

製品差別化（独占的競争）、市場入場制限そして不完全情報といったスローガンの下でのさらなる研究が、実際の競争経済における体系的行為余地のための論証を補強している。

この成果は継続的な企業戦略の存在によって支持される。第5章（本訳書で割愛）において明らかになるが、もし企業の行動が市場構造によって完

全に制約されているという概念から離れるのであれば、企業戦略的行為の事実だけが理解されるであろう。企業自身が戦略によって市場構造と市場の不完全性とが互いに影響を及ぼし得る状況にあることを容認する場合においてはじめて、企業戦略のための余地が開かれる。

大企業が無視できない権力余地を意のままにするという命題の根拠付けは、市場構造と市場性質を通じた迂回なしにも生じ、同時に企業の戦略的行為可能性の**直接的観察**においても見える。これは結論として、大きな市場占有率と関係したこのような企業の資源潜在性に根源がある。

大企業の位置付けの向こう側に、このような状況の下で結ばれた"不完全な契約"(Tirole 1999) そしてそれによって経済的に自由な価格体系の基本条件が損傷されるという、ここで挙げたすべての事実を指摘し、それが全く一般的に考察されよう。企業による上述した影響力は首尾一貫して構造的な情報の非対称性を伴い、自由な契約様式はこれによって疑問となる。

ここまでの国民経済的そして経営経済的な考察すべてを総括する場合、第一に大企業にとって有利な結果になるようにゆがめられた契約条件の根拠をもう単純には拒絶することはできない。この状況への法律の対処は、よって**法的措置**を通じて市場で劣位な契約相手がそれによって脅かされた機会平等を修正する試みとなる。消費者保護、労働法、環境保護、小規模投資家保護、公衆のための多様な法的規則は、協調志向的行為の意味で経済において乱された権力均衡を再びある程度修正する試みとして最終的に理解されている。

3.3.3.3 所有と自由裁量権の分離

外部効果と大企業の権力地位と並んで、最終的に収益経済的原則との分割、所有と自由裁量権の分離があり、この3つ目の根拠によって価格体系の中心的機能条件が部分的に疑われそして(大)企業での経済性の純粋私的な性格が疑問となる。1930年代アドルフ・A. バーリーとガーディアン・C. ミーンズによる著名な研究以来の議論 (Berl/Means 1932) における、実務において資本所有者が大部分において既に全く企業における中核的意思決定

3 市場経済におけるマネジメントの役割

を行っていないという—競争経済の構築思想に挑戦した—良く参考にされる経験的定量分析がある。その代わりに雇われたマネジャーに意思決定が代替され、彼らは所有者でなく、比較的自律して生産手段に関する自由裁量権を行使した。所有権と自由裁量権に必要不可欠な統合は、収益経済的原則—いずれにせよ部分的に—が効力を失うことによって破棄された。

所有と自由裁量権の分離のために特に2つの原因に責任がある。すなわち、マネジメントの職業化と同様に小株主の非活動性と無権限である。

マネジメントの職業化の意味するその任務とは、(大)企業を先導し、高度に発展しそして非常に分業の進んだ産業企業において既に"職業"として成り立っており、体系的に構成された職業訓練と専門的な職業経歴をその成功裏の遂行に必要とする。資本所有だけでは大企業の指揮のための職業能力の証としてはもう十分ではなくなった。この固定概念は単に利益極大化への動機と事業行為との"非連動"の危険性をはらんでいるばかりでなく、資本による企業秩序の伝統的な正当性基盤にも疑問を呈することにもなる。どのような職業的適正を指示することを通じて企業指揮に関する資格が提供されなければならないという基準の中で、所有権はそれだけでは正当な効力基盤を失ったのである。

全大企業のマネジメントの職業化に関する根拠が有効である一方で、2つ目の理由は、**小株主の非活動性と無権限**が、特にその株主資本が分散する準備がある場合(公開-株式会社)、株式会社の法形態に焦点を当てる。かような会社は数十万の持分所有者がいる場合が珍しくなく(例えばシーメンス株式会社は約74万人の小株主)、この所有者の専門教育は十分ではなく、またはこのような非常に限られた資本参加によって彼らの方向付け権限を代表することに動機付けられていない。それは株主総会に直接的でも監査役会内の代理人による間接的でもないのである。多くの株式会社において直接に特定の株主範囲からひとえに監査役が来ているのではない(例えばドイツ銀行またはコメルツバンク銀行)。このような状況において、この空白を埋めそして企業政策の方針を決定するのが執行役(Vorstände)である。この場合、株式保有は自由裁量権を明らかに放棄している。このような"**経営者支**

図3.2　1972年、1979年、1986年と2001年比較でのドイツ大企業における企業規模毎の経営者支配

企業規模	経営者支配(比率：%)			
	1972年	1979年	1986年	2001年
1〜50番	69	78	84	76
1〜300番	50	57	56	52
銀行；1〜25番	100	96	100	100

参照：Schreyoegg/Unglaube 2013

配"企業は、一人または少数の私人（例えば大株主）で100％または最低75％を保有しそして"所有者支配"として表現される企業とは正反対である。ドイツ大企業300社における調査では、このような企業の半分以上（70％以上の売上において）が既に"経営者支配"として分類される（図3.2を参照）。

　これは特に高い程度で影響力の豊富な銀行に当てはまる。これによって伝統的企業秩序の"理想"と"現実"の崩壊を物語り、ドイツにおける経営者支配がある程度に達していることを正当化する。同事象はすべての西側産業国家において通用する（参照、例えばBarca/Brecht 2000, Carney/ Child 2012）。所有と自由裁量権の事実上の分離は—大企業の権力を参照することと融合し—マネジャーが価格体系機能のための利益極大化の必須条件から逸脱しそして意思決定過程において独自の自由裁量に任された目標設定を行う可能性を開いたのである。

3.3.3.4　結　論

　3つの説明論拠は、企業の上述した契約モデルの再構築に関して熟考されなければならないという結論を容易に起こさせる。それは目下のところ多様な側面から生じている。

　一番目の動向は"コーポレート・ガバナンス"の名の下で試され、純粋な成果志向的行為のための制度を新たに作成し、その結果として調整問題の効率的解答が生まれる。この理論的努力の出発点（所有権理論、エージェ

ンシー理論）は、行為動機でなく、—既に新古典派においても同様に—**行為随伴**である、ここでは特に財を通じた（財それ自身の交換に対して）所有権の交換そして（自由裁量権による行為の際に生じる取引コストの存在、配分された情報の非対称性等々）不完備性の仮定[3]の下で関連付けられる。経済的行為者は自身の行為余地を利用しつくし自分の利益にする。行為の帰結は、この行為がどのような**制約**の影響下にあるのかに依存している。理論は、この制限（制度）の（経済的に）一番効率的な形態を熟慮しそして法律と契約の新形態のためにこれに関連した得策を導き出している。

これに反して2つ目の展開傾向は協調志向的行為が置かれる、市場（市場不全）の構造的な**不完全性**を鑑みた利害関係者間の均衡利害を達成する調整を、成果を意図した打算によってのみでは達成できないことが強調される。ここに協調志向的行為を必要とするであろう。

数年にわたりより始めの方向性にその関心が向いた後で、最近では後者の展開に有利になるよう局面が一変している。"企業倫理"、"利害関係者の対話"または"企業の社会的責任（Corporate Social Responsibility: CSR）"のような見出し語が企業政策的な議論の最前線に置かれている。

3.4 協調志向的行為としてのマネジメント

3.4.1 出発点：法律と企業倫理

価格体系の機能条件にこれまで具体的に示された批判は、歴史的に実現した経済において分権的価格構築の存在が、経済行為の効率的調整と調和のとれた利害調整を確保するため既に十分な条件であるという主張に対向することになった。純粋な成果志向的行為としてのマネジメントを構想することは、このことによって問題になる。

---

[3] 財の所有における財産権の配分を契約によってうまく行うことで、利害関係者のインセンティブを引き出すような所有権を完備させる。例として米における公共サービスの民営化（民間刑務所の失敗から）の打ち切りなどである。この場合、プリンシパル（政府）とエージェント（民間）との契約に質よりもコスト削減が強力に進められてしまうことを想定している。

3.4 協調志向的行為としてのマネジメント

　結論としてどの程度で協調過程が、ここで問題解決の基盤を提供するのか吟味されなければならない。ここでは次にドイツにおいて再度、とりわけ企業に適切な法的枠組み条件による行為の方向付けである**法律**を考える。例えば環境汚染防止法または事業所組織法が挙げられる。それはそのたび会話体で構築され、それゆえ協調志向的行為にも分類されなければならない諸規制に関わる問題である。マネジメントにはそれが特にローズマリー・スチュワート（第1章参照）の"抑える（constraints）"とした意味のように思われる。そこでは確かに、経済的な"効力余地"と法的な"行為余地"がいわば完全に等しく、（国内）法によって経済的な成果志向行為の効力を制御下に置くことが可能であるかのように暗黙裏とする。このような前提条件はしかし（国内の）国民経済の**グローバル化**を通じて問題となり、このことは本章の最後に再度立ち返ることになる。このことは他の展開をも取り入れる必要性を示唆している。

　この見方は直接的な意味でマネジメントの協調志向的行為のための扉を開いた、つまりそれは特定の企業政策の追求との関連において、法的な規制ではしかし接近できない障害の解決のために姿を現した。最終的に企業行為の**倫理的方向付け**（企業倫理）要求に近頃その動向を見出している。

3.4.2　法的規則

3.4.2.1　外部的そして内部的出発点

　利害関係者間の調和した利害調整保障に関する法律は、その際に企業の行為余地の外部的制限（枠組み条件）として、企業における意思決定過程の会社法規則それ自身を変更することなしに、急に効力を発揮することができる。それはそこでの意思決定過程における特定利害の保護のためにも自身で介入可能でそしてそれに利害実現のより良い機会が与えられるよう公的に形を変えられる。マネジメントの意思決定がいわば"外部から"事前に決定される試みの場合、それは消費者保護法、環境保護法または開示法等に見受けられる。それに対して例えば企業の意思決定過程に事業所組織法と共同決定法は介入しそして従業員の協同効果によってその利害をより

良く実現させうる目的からその過程を修正する。最近、ついに特定の利害を考慮するために、"私的"企業または団体による法律の代わりに契約的に取り決められ、または自由な"自己拘束"がより頻繁に見受けられる（例えば、広告における自主規制または多様な問題分野における"行動規範"の順守）。それに引続き幾つかの事例や規程を手掛かりに、どのように立法機関が、外部の制限または内部の自主規定を通じて協調志向的過程によるマネジメントの成果志向的行為を枠組に入れることを試みているか、示されるべきであろう（詳しくはGerum/Molls 2009）。

3.4.2.2 外部的制限

第一の法律群は**消費者**の保護に向けられる。それはマネジメントに交換過程において力が劣勢な市場相手につけ込む可能性を防止すべき、または制限すべきとする、特定の責任を負わせる。例えば危険のある、または欠陥のある商品から消費者を守るために、立法機関は**製造物責任法**を公布した。企業は、もし商品の開発または製造の際に慎重に行動しない、または（「何も知らない」）消費者に製品に関連した危険性を伝えないならば、相当な損害賠償責任に直面する。このことからほとんどすべての西側工業国における立法機関は、予防的消費者保護に貢献すべく**管理上の検査体系**を作り出している。ここでは食料品法そして薬品法も、いわゆる"特殊機械取扱者の保護法"を意図した技術的労働財の管理制御をも考慮しなければならない。この法律に従って製造業者または輸入業者は、"技術の一般的に認められた規則"(DIN-Normen：ドイツ工業規格)と同じく労働保護規制そして事故防止規制を満足する商品だけを市場に供給できる。最終的にさらなる事例として、消費者にとって有利な結果になるように市場における交換過程の非対称性を修正する、例えば一般的取引条件に関する法律（**AGB**法：Das Gesetz zur Regelung des Rechts der Allgemeine Geschäftsbedingungen）または不公正競争法（**UWG**法：Gesetz gegen den Unlauteren Wettbewerb）による、立法機関による試みに注意が喚起される。

被用者に対するマネジメントの割合においても立法機関は過去において

3.4 協調志向的行為としてのマネジメント

労働法の展開によって、利害のより良い調整とそれによる社会的自由への貢献を達成する、労働市場で同じ権利を持つ契約相手という原理的に経済的自由という作り話を修正する試みを行っている。過去100年の時の流れにおいて、今日における労働法が重要な経済的そして社会的重要性に伴う独自の法律の領域になったという充足感は、それに適合しつつある規制によって成り立っている。重要な労働法の規則は、例えば賃金協約権そして労働争議権、事業所組織法といった**団体労働権**の枠内に見出され、個別労働法の範疇において例えば解雇保護法、労働時間令、連邦休日法、児童労働保護法等々に注意が喚起される。

どのように企業の上述した契約モデルを基礎に置くのかという前提で有効な労働法を考えるなら、その中間に、法的または賃金協約的な規程を通じた個別労働条件の中心的利害に関連した構成要素の広範囲な前規制を生じるし、むしろ慣例ではそのようになる。賃金、労働時間、休暇そして解約予告期間と同じ一般的な労働条件は、大部分において個別の被用者と雇用主によってではなく、労働組合と雇用主団体、いわゆる企業横断的な地域協約[4]で交渉して決定する。労働法的な規則はこの間に広範囲に拡充された、その結果、ここで立法機関の努力によって市場関係者との間に協調志向的行為を広く拡充させるか否か、そして"規制緩和"について考えなければならないか否かに関する議論を再熱させている。労働法における規制緩和の議論は―そのように見える―労働環境のための成果志向的行為と協調志向的行為との間の境界線を状況依存的に繰り返し新規に決定する試みとして理解されうる。

3つ目の観点は大企業の**公開性**が該当する。消費者、被用者そして一般の利害に対する大企業の経済的活動の多様な影響に関する認識は、単に所有者の私的利害だけを考慮した開示責任から方向転換している。それは例えば1969年以来の「開示法（PublG: Publizitätgesetz）」または1985年以来の

---

[4] 企業横断的な地域協定（Flächentarifverträg）とは、労働協約が全国または地域を締結単位とする企業横断的な広域協約として締結すること。

3 市場経済におけるマネジメントの役割

「貸借対照表指令法（BiRiLiG: Bilanzrichtlinien-Gesetz）」に明らかに示されている。これに引き続く開示責任は、1998年に公布された「企業領域における統制及び透明性に関する法律 （KonTraG: Gesetz zur Kontrdle und Transporenz in Unternehmens-bereich）」そして2002年7月からの「透明性及び情報開示に関する法律（TransPuG：Transporenz- und Publizätgesetz）」である。

開示法は企業規模における年度末決算の決算書作成と公示に関する責任を関連させている。開示法1条による規模の特徴は、貸借対照表総額（6,500万ユーロ以上）年間の売上収益（1億3,000万ユーロ以上）、そして従業員数（5,000人以上）なら、その際3つの基準の最低2つを充足しなければならず、それによって企業は開示責任に該当する。企業規模の経済的状況を考慮することは（そして—従前どおりの—企業形態でなく）、企業情報に関する責任の単なる私有（Privaten）という解釈からより協調志向的な解釈に変化したことを物語っている。このことは特に公開法の政策原案に関する根拠付けから明らかであり、その中で社会における利害調整の問題が明確に確認される（ボックス3.1を参照）。

消費者保護に関する法的規則においてよりいっそう純粋私有から"準公的な"制度への大企業の変化が開示法において明らかに示されている（Ulrich 1977, 2002）。産業化の初期から今日に至るまでの開示目的の変化はそれを明白にしている。株主そして債権者または**私的な**出資者に情報提供しそしてそれにより市場経済的体系を利用可能にすることに、会社法、特に株式法の初期の開示規則が役立っていたなら、開示法は大企業での**公的な**利害承認の方向に純私有次元を明らかに超越している。マネジャーは出資者のみに対してばかりでなく、広く社会に対して論拠を示す責任があるであろう。いずれにせよ開示法の政府原案に関する描写された基礎付けはこのような結末を迎えることになる。

総合的**環境**立法は公共的利害の意味での介入として持続可能な企業指揮の目標と共に解釈される。この立法で大事なのは水、土そして空気、景観、静寂性、植物そして動物といった環境財の保護である。協調志向的

3.4 協調志向的行為としてのマネジメント

> **ボックス3.1**
> **開示法の設置根拠からの抜粋**
>
> 「大企業の運命は彼ら所有者の私有部分にのみ影響を与えるわけではない。これはより多くの第三者の利害に関わりそして時には自身の存在に関りを持っている。大企業の状況は、例えば供給者または顧客そしてその他多くの企業の投資判断のために重要である。これによって、とにかく重要な意味で地域的そして時に一般的な労働市場に関する良好または悪化という企業状況の結果、多くの被用者の仕事先が左右される。このような企業の繁栄と衰退は全国家的な構造と財務状況に影響を与える。これは、国家的経済政策が無視することのできない、無視できない状況を作り出す。このような大きな秩序にある企業に対する正当な参加権を、-現在そして将来の納入業者と顧客、被用者、出資者そして企業の直面することに大きな影響を及ぼす経済と社会政策的な意思決定を持つすべての立場の総称概念として-企業の立場と状況に関する情報を入手可能にすることが認知されなければならない。つまりこの参加の利害そしてこれによる一般性、企業の評価のための資料を保持することは、企業所有権の明白な利益に対話より少し多く見積もられる。」
>
> 出典：Biener 1973:2f

規制の必要性が、そこで成り立つ欠乏関係を示すために、このような環境財のための価格が時宜を得ずそして自己形成しないことから生じる。経済過程に参加する個人そして利害集団は、市場を通じた共通の物質的な生活基盤を保護するような準備がまだない (Dyckoff/Souren 2007, Endres 2012)。国家的な環境政策は、特に企業のマネジメントが彼らの意思決定打算において持続可能性を定着させることに義務を負っている。

環境政策を操作する手段は多様である。ここで言及すると、それは秩序法的な規則と禁止、例えば排出権貸方記入、環境税または財政支援のような経済的誘因である。

3.4.2.3 内部的制限

外部的制限に並んでドイツの立法機関は追加的に大企業のための**内的意思決定過程**を、共同決定を通じて従業員のより良い利害擁護を可能にす

3 市場経済におけるマネジメントの役割

図3.3 共同決定の試み

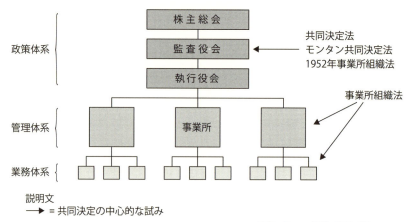

出典：Gerum/Mölls 2009: 264

べく、変更している。伝統的な会社法は当然の帰結として自己資本出資者の利害実現のみを念頭に置いている。共同決定法は成果志向的に運用されている会社法の限りで、その方向を（部分的に）大企業の協調志向的な体制の方に修正している。その中心において共同決定法は監査役会意思決定に、つまり企業政策的に重要な機関"取締役会"に対して所有者統制に関する立法機関の意図する構築概念が担保されるべく機関にも、従業員のまずまず大きな影響を担保しようと努めている（図3.3参照）。

このことは、従業員の同等以下の影響力での1951年当時モンタン共同決定法から既に読み取れ、この法律にゆだねている。これは2,000人以上の従業員を有する大資本会社（株式会社と有限会社）を規定する1976年共同決定法においても、また500人以上の従業員を有する小規模資本会社の監査役会での共同決定を定めた三分の一参加法においても同じである。共同決定は繰り返し批判に晒されている。そこにおいて非常に強い成果志向的行為の制限が見受けられそして、ほとんどの他の国においてこのような協調的強制力は存在しないため、そこから生じる欠点を経済的立地ドイツのた

3.4 協調志向的行為としてのマネジメント

ボックス3.2

事業所委員会の参加権の概要

共同効果権	共同決定権
以下の情報に関する権利 －90条： 　仕事場、労働過程そして労働環境の具体化に関する計画 －92条1項： 　人事計画 －99条1項： 　人事的個別措置（配置、グループ分け、グループ組換え、配置換え） －106条2項： 　経済的要件（経済委員会） －111条2項： 　事業所の変更、例えば閉鎖 以下の場合の聴取権 －102条1項： 　解雇 以下の際の助言権と審議権 －90条、92条1項、106条1項、111条1項（上記参照）： －96条1項： 　職業訓練の促進 －97条1項： 　職業教育の配置と措置 以下の際の異議申し立て権 －99条、102条：（上記参照） －103条： 　特別な解雇	廃止に関する要請 －98条2項： 　事業所指導員の選任 －99条1項、100条2項、101条： 　人事的な個別措置 以下の際の同意権または拒否権 －87条2項： 　社会における業務[5] －94条： 　人員調査そして評価規定の内容 －95条：選任規定 －97条2項： 　自己養成そして追加養成 －98条2項： 　事業所指導員の配置 以下の際の主導権 －87条2項： 　社会における業務 －91条1項： 　非人間的な仕事場 －95条2項： 　人員選抜規定 －98条4項： 　事業所における職業養成措置と特定従業員の参加の実施 －112条4項： 　社会的計画の提案

出典：Gerum/Mölls 2009: 283

5　事業所組織法（Betriebsverfassugsgesetz）は第一に「社会における業務（sozial Angelegenheiten）」の下で，被用者の労働条件を規定している。共同決定法の対象とならない社会的要件は，雇用者と事業所委員会の間の自主的な会社合意（§88 BetrVG）によって規制されうる。

めに懸念している。共同決定の経済的な効果は、そこでの結果が決して明らかでなくそして反対の帰結をも免れないことを、常にはっきりと強調している（Frick 他 1991, KiBler 他 2011 を参照）。

その際に—そして実務においてより効果の高い—特定の意思決定のために協調志向的過程を求める事業所組織法の決定が有効である。前ページのボックス 3.2 は、立法機関によって協調志向的過程のために多様な力点と共に計画された、意思決定分野に関する一覧である。

共同決定法は事業所組織法と一緒に、資本と労働との間の利害調整を**市場過程**からそしてそれにより成果志向的行為をもたらすのみでなく、企業内部において（も）協調志向的行為を引き起こす試みとして理解される。ここでは法的規制を部分的に厳格に議論することは、それゆえに疑いの余地はないであろう。すなわち、"企業の契約モデル"の枠内で経済的意識の核として資本所有者連合を形成すべく会社法が、この形成論理から、協調志向的な利害多元的企業操縦を推し進める、共同決定的な規則とそう単純には連携できないというまさにこの議論点があるからである。もし将来において成果志向的行為に向けられた会社法が協調志向的な共同決定法とより良い関係性を望むのであれば、企業における"資本と労働"の安定的な基本的条件を形成する相互行為、つまり特に株式法の中に利害関係者志向を定着させることが必要となる。しかし近い将来に他の問題がより重要になる、それは企業の国際化を体系的に考慮することであり、共同決定はとうに国内的な問題だけには留まらないのである。これによる挑戦をも法的に規制するかは（グローバル会社法の意味で）疑念を持たざるを得ない。ゆえに社会的責任と協調志向的対話に関する企業による自主的な自己責任をますます目指すのである。

3.4.3　マネジメントと倫理（企業倫理）

ここ数年で"企業指揮の社会的責任"または"企業の社会的責任（CSR）"の概念が、大変に注目されている。企業とマネジャーの周りで優先的に展開されそして議論されているこの概念は、企業の自発的な自己責任に焦点を合

3.4 協調志向的行為としてのマネジメント

ボックス3.3

ダボス宣言

A. 企業指揮の業務的課題は、顧客、従業員、資金提供者と社会に貢献しそしてそこで対立する利害を調整することである。

B. 1. 企業指揮は顧客に奉仕しなければならない。企業指揮は顧客の要求を可能な限り充足しなければならない。企業間の公正な競争、商品の高い値ごろ感、その品質と多様性を確保するように努力しなければならない。企業指揮は新しい考えと技術的進展を市場性のある商品とサービスに転化することに努めなければならない。

2. 企業指揮は自由な社会における従業員によってのみ承認されるがゆえに、もし同時に彼らの利害が代表されるのであれば、指揮は従業員に奉仕しなければならない。企業指揮は勤労場所を確保し、実質所得を上昇させそして労働の人間化に貢献することを目標にしなければならない。

3. 企業指揮は資金提供者に奉仕しなければならない。企業指揮は、彼らに国債の利子率よりも高く、投入した資本の利子付けを確保しなければならない。このさらに高い付加利子は、より高い危険を冒すための割増金が含まれなければならないので重要である。企業指揮は資金提供者の受託者でなければならない。

4. 企業指揮は社会に貢献しなければならない。企業指揮は将来世代のための生きるに値する環境を確保しなければならない。企業指揮は信頼して任された知識と手段を社会に一番良く還元しなければならない。
それが企業指揮に新しい見地を開拓させそして技術的進展を支援しなければならない。企業指揮は、企業がその方向付けの推進力によって稼業充足を担保する共通の存在とならなければならない。マネジメントは彼らの知識や経験を社会の役に立てるべきである。

C. 顧客、従業員、資金提供者そして社会に対する企業指揮の貢献は、もし企業の存在が長期的に保障される場合に限り可能となる。このために十分な企業利益は必要である。企業収益はこのことから必要財ではあるが、しかし企業指揮の最終目的ではない。

出典：Steinmann 1973: 472 f.

3 市場経済におけるマネジメントの役割

わせている。たびたびマネジャーのための**道徳規範**の一種が問題解決として、それに応じて利益志向の脇に社会的観点を考慮することが、企業指揮の課題であるべきだと意図されている。

これに初めて影響力を持つ事例が、1973年ダボスでの第3回欧州マネジメント討論会で紹介された、いわゆる「ダボス宣言」である（前ページ、ボックス3.3参照）。今日で一般的なCSR規定と比較すると、すなわちマネジメントに利害調整を義務付けようと願う点で、非常に広範囲な概念である。

結果としてここで企業指揮のために市場経済的体系における新たな二重の企業行為基準の実践が必要とされる。企業の上述した関連集団に対する企業指揮の**利害調整役**というもくろみで"社会的責任"原則が、この営利経済的方向に足を踏み入れるべきである。極端な言い方では、それは最終的に概念の果たす役割を意味するだろう、つまり市場と価格体系はそれ自身で既に基本的で、決定的な貢献を社会的利害に果たしているのである（しかしそこまで厳密にこの概念は意味してはいない）。まさにこの市場理想形からの逸脱ゆえに企業指揮の社会的責任の概念は全く時期尚早であると、ミルトン・フリードマンによって厳格に批判されている。すなわち、「企業の社会的責任は企業自身の利益を上昇させる」(Friedman 1970: 32 ff.)、つまりそれが資本的市場経済の根本的機能を破壊するのである。

それは今日ではとにかくもうほとんど支持されない立場である。反対に"企業の社会的責任(CSR)"や"企業市民権"の標語の下で社会的責任である企業指揮の概念がより多くの知名度を獲得しているのである（参照：Schneider/Schmidtpeter 2012の貢献）。社会責任の企業指揮の基本を守り、そのために行動する労力が必要とされない、大企業を決して見出せないのである。実践における社会責任の企業指揮概念の新たな理解として、フォルクスワーゲン・コンツェルンの独自説明を参照する（ボックス3.4を参照）。

近年において頻繁に社会的責任の考えは、**収益最大化**に確かな効き目のある手段として宣伝されることから戦略的に方針転換されている。この背景にある考えは、社会責任的な企業指揮の範囲において挑戦的に市場に出された計画（標語：文化の後援者、障害者雇用の保持、マネジメントの高

3.4 協調志向的行為としてのマネジメント

い女性比率) にふさわしく、企業の魅力、それによる販売力、最終的に利益をも上昇させるのである。企業の成功は戦略的な企業の社会的責任によって上昇させられるべきである (Huber その他 2012 参照)。この立場の代理としてデイビッド・グレイソンとエイドリアン・ホッジの助言、"事業のための社会的責任業務作りの 7 段階" が援用される (Grayson/Hodges 2004)。CSR 潮流の主要部分はまさにこの論拠を追及している。企業がこれによって自身の収益性を上昇することが可能であるよう、仕向けることによって、良い事を行うように企業を誘うのである。

この論理一貫性における企業倫理は、つまり付加的な名声と成功をもたらすゆえに、通常業務に付け加えられるべき、参加的副産物の一形態として認識される。倫理は—誘惑の声—やりがいがあるのである。社会責任的な企業指揮の考え方は、ここで明らかに自身の葛藤と批判的な根本が除去されそして調整された場面に転換される。

この責任問題の表面化はとにかく矛盾している。CSR 概念の代弁者は、つまり営利経済原則である競争経済の健全な刺激構造を全く信用している。企業は "倫理的" に行動するように仕向けられ、そこでもし自身が望んだ方法で振る舞うのなら、より高い利益によって労がねぎらわれるよう期待するであろう。この立論はこの限りで歪曲される、ここでは仮定された全く問題のない利益-刺激効果でのまともな要因が存在せず、ゆえに企業は最も高い利益が保証されるような行為代替案から自身の行為を選択する。市場論理によれば上述の状況にない企業は、(資本) 市場によって見出されたこの代替案により処罰されそして市場から中長期的に排除されなければならない。再度、前で述べた因果関係の根拠をいずれにせよ失うことを予見する (例えば Margolis 他 2007 の分析変遷を参照 [6])。

社会的に望まれた計画の順列として CSR 活動によって有利に扱われた企業責任の解釈は、この責任の議論において中心になる詳細に述べた問題

6　研究は、企業の社会パフォーマンス (CSP) と企業財務パフォーマンス (CFP) との間の経験的関係を 35 年の期間で調査している。結果は監査等のガバナンスが効いている場合に、CSP が最も強力であった。よってその企業内ガバナンス構造の分析が必要であると示唆している。

3 市場経済におけるマネジメントの役割

状況を歪曲する。それはこの社会的計画の積み重ねしだいでなく、価格機能が却下する倫理的行為しだいになる。まぎらわしい状況での交換はこのCSR運動を基礎に置いている。協調志向的行為は、機能的-戦略的な行為とそれによって成果志向的行為に転換されなければならない。ここでは機能不可能なことが体系化されているように見える。人間味の無い—戦略的な行為は道徳的な行為ではない、倫理的な動機は協調志向的行為の基礎の上でのみ獲得されなければならない。

この独り言の立場におけるCSR議論の一般的な弱点が、この戦略的で人間味の無い転換から無関係に置かれる、つまりマネジャーは客観的に、—関連状況と根本的に取り組むことなしに—何が関連状況に"良い"のか知っておりそしてこの隔離された立場から公平な利害調整を導き出すことに精通している。

この問題は実務における初期段階で一段と認識されそして受け入れられた。単独のCSR規範による立場において—または最低でもそれに付け加えられる—当該の**対話的**な理解に向けた企業指揮の社会的責任の考えを追求し、これに対応した構想を利害関係者との対話と呼んでいる(概観は例えばSchreyoegg 2013における貢献を参照)。これによってこの概念は企業指揮の社会的責任から会話体の企業倫理となり、**社会-倫理的**局面を手に入れる。また自由意志の**自己拘束**の意味で摩擦に関する合意に基づく規則が制定されるべきであり—上述した論証の帰結において、収益志向経済を通じた価格機能の枠組みで解決され得ない、特にこのような摩擦がある。ボックス3.5はこの所、企業による提案が増加しそして問題解決の糸口として宣伝(propagieren)されている、多くの利害関係者の対話の事例を提示している。

会話的企業倫理は、純粋な収益努力とそれに付随する価格機能が倫理的に問題のある帰結を導き、または導き得るという中で、最終的にこのような行為状況への規制に適合する(環境汚染、不公平な賃金、児童労働等々)。このような収益原則は、この際いずれにせよ不利になるよう差別される。これとは逆に、収益原則は、個別経済での自主的意思決定の分権化と移譲へ

3.4 協調志向的行為としてのマネジメント

ボックス3.5

チボ社[7]の利害関係者-対話

「チボ社は社会の中心で行動します。私たちの日々の行為において―企業内部と外部で多くの人や組織に接点を生じています。その多様な期待や要求に私たちは可能な限り包括的に対応しそして私たちの行為をそれに合わせようと努めます。ゆえに私たちは―私たちの従業員とその代表者、顧客、納入業者、その他の取引相手、非政府組織（NGO）銀行そして政治と共に偏見のないそして真実の対話を探求します。

私たちの顧客は、公正な価格での高い品質に価値を見出しています。顧客は、私たちに製造国における社会的通念上の労働条件を導入しそして環境を大切に扱うことに留意するよう、非政府組織の代弁者と同じく期待しています。社会への業務供給は私たちの従業員を雇うことと同様に収入可能性と昇進可能性の問題でもあります。

企業内外の利害関係者との持続的な交流：企業内外の個別要請集団との緊密で持続的交流は、私たちを継続的に改善するために非常に重要です。それらに数えられるのは、私たちの顧客、従業員とその（労働組合）代表者、納入業者とその他取引相手、非政府組織と政府組織、消費者保護団体、銀行や保険の研究所です。私たちは企業責任の領域における活動の成功を、どのように上述集団の代弁者が私たちを評価するかで計っています。

問題の認識、適切な対処：人権、労働条件、環境保護そして汚職との戦い―複合的な問題設定を十分な深さと成果志向的に扱うことを可能にするため、私たちは利害関係者との論題に関連した対話そして適切な対話に取り組んでいます。協議事項の基本線は、要請集団の具体的な期待です。どのような問題が解決されなければならないのでしょうか？誰にこの問題が関係するのでしょうか？私たちは社内分析により自身の社会的範囲からの要請を確認しています。企業責任の範疇における課題・マネジメントは、社会的な要求と傾向に関する付加情報をもたらし―このように私たちは完全性と拡張性を保証しています。

同等な対話：特に意味のある事は、私たちが主題問題点に照準を合わせた

---

7 チボ（Tchibo）社はドイツのハンブルグの小売大手企業である。同社は100％同族所有のマックスインベスト株式会社（旧チボ持株会社）参下企業である。マックスは創業者マックス・ハルツ から命名されている。チボは、直販店、オンライン取引も積極的に行っている。

3 市場経済におけるマネジメントの役割

会話手法を提示したことです。この措置方法は、例えば私たちの供給連鎖における特殊な問題設定を見出し、そしてその問題について最も事情に精通した、多様な利害関係者集団の代表者に交渉の席につかせることを可能にしています。このことから多様な利害関係者組織から私たちの重要な取り組みは支持されています。

　私たちの社会的認定行動指針"WE"の範疇において私たちは 2010 年にベルリンで利害関係者の国際会議を開催しそして試験的模索"WE"の成果及び外部効果分析を議論の対象としました。私たちはこのことから 2011 年からの日用品に関する納入業者におけるこの行動計画の波及に関する本質的な理解を獲得しています。」

　　　出典：www.tchibo-nachhaltigkeit.de（2012 年 11 月 15 日接続）

の過程で国民経済の複雑な指揮問題を成功裏に解決するため、一般的に高い性能を発揮する手段である。収益原則が本来の性格なので（それゆえに金銭面にだけ標準を合わせている）、これを区別することは不可能である、つまりこれは根本的に、確かに収益目標の達成を可能にはするが、倫理的に正当化され得ない、金銭的な意思決定が追求されるのである。この問題を捉えようとするならば、経済的行為にさらなる局面が割り当てられ、収益原則を規制する方向に足を踏み出さなければならない。

　企業レベルでの意思決定を通じた収益目標の具現化、そこが追加的局面の効果を発揮させるための最適な場所なので、その中で表れる摩擦を協調志向的な反応と行為の対象物にする。その際、いずれにせよある特定の市場における競争が（付随した）企業倫理的な行為に（厳しい）制限を加えることができるか考えなければならない。包括的な規制水準（業界、政策）の上で摩擦内容のための競争中立的な規制について注意を促す場合において、それが後にマネジメント責任の一部分になる。

　どの程度ここでの利害関係者との対話実践がここで前面に置かれた論証範囲に常に対応するかは、未決定のままであるし特に個別毎に対応される。しかし実際の対話としてよりはむしろうわべの行為として見られることは決して珍しいことではない。

　ここでは利害関係者との対話の具体的な考えの向こう側に閉鎖された会

3.4 協調志向的行為としてのマネジメント

話体の企業倫理の一般的な思想が、明確に規定されている。これに関して後述の重要な概念的特徴そしてそれに関連した境界における成果が強調される（Steinmann/Loehr 1994）。

（1）会話体の企業倫理は企業の関係者集団との（広範囲に及ぶ）摩擦における企業指揮の協調志向的行為に焦点を当てている。それは差別禁止または汚職排除といった普遍の物質的原則として知られている。それは状況に則した行為要請として内的規範を手続きの最後に見出す、目標に伴う摩擦にうまく対処した**手続き規定**と考えられている。

（2）会話体の企業倫理のより良い理解のために、どのようにそれが哲学において一般に用いられているかという、**倫理と道徳の違い**が役に立つ。企業倫理に関する現在の議論において残念ながら両概念は頻繁に取り違えられている。倫理と道徳の違いが自由にならない限り、実践的な道徳（"支配的な考え方"）の意味において実際に従う規範を批判的にその基礎付けから再度検証することができない。人はそれをただ単純にその事実性において確認できるのである。決定的に重要なのは、企業倫理の概念における尺度が、必要であればさらなる進化のために優勢な考え方に対して反論する効果を発揮することである。

（3）会話体の企業倫理の基盤は—既に強調したように—根本的に対話であり、独り言ではない。（以前の対話において）根拠付けられた規範が存在しない所に、摩擦が生じた場合にはすべての**関係者間**で対話が組み立てられるべきである。批判的な尺度と指針はここでの"理想的な会話状況"である（Habermas 1981）、つまり特に準備状況にあり、すべての前提状況に疑問が投げかけられ、さらに独自の立場または利害の実行のために権力が投入されることを断念する（拘束力のない状況）そして嘘そして単に口説きの術（誠実）にすぎない参加者の専門性といったことへの断念である。もちろん実務においてこのような対話にはよく厳しい制約が加えられる。会話体の企業倫理の対話的な性格から、根本的に個別規範を見出すことは議論の進展により（例えば時間的制約の下での決定）生じている。それは摩擦解決の一般的形式なく定義ごとに提示されよう。

3 市場経済におけるマネジメントの役割

　ここまでで述べた3つの点は企業倫理の概念における"倫理的構成要素"を一層明確に規定している。引き続く4つ目の点は、そこでその倫理が最終的に実践化されなければならないという、具体的な歴史上の行為に関連させられている。それはある意味で概念の"企業関連的な構成要素"である。

　(4) 初めの歴史的な制約条件は金銭そして競争経済に関係し、この中で企業は行動しそしてそこに企業は正確に描写される。もしこのような経済秩序内で企業倫理が利害調整に関する独自の貢献をすべきなら、この経済秩序における企業はその条件下で行動しなければならず、現実にこの稼業のための体系的な（そして偶然だけでなく）行為余地を自由に使えなければならない。これは一般的に定評のある方法論的原則「"すべき"は"できる"の意味を含む！」から生じている。

　企業倫理の議論において時々、経済的体系内部にいずれにせよ追加的に倫理的立場のための機会を見出し得るのかが疑われている。特に多くのミクロ経済学者は—既に引用したミルトン・フリードマン—企業倫理の構築に関する要求に、生産要素が非効率的に配分されると挑発している。それに加えて健全な市場状況とそこに内在する利得獲得への強制といった先鋭の論拠が、企業倫理を全く動員させないのである。それは倫理的な考慮から若干の利益機会を放棄することを、可能にしなければならない。これはしかし非効率的市場でのみ可能であり、その限りではむしろ完全競争において機能すべきであろう。企業倫理のための出発点が—少なくともここで述べた形態においては—まさに市場処理の構造的欠如（部分的市場不全）に向けられているゆえに、このような論拠努力は全く循環的になるように思われる。実務の観点から企業倫理的行為のための空隙の存在は、ドイツ企業による多くの持続可能性報告書が印象的にまとめられていることからも、いずれにせよ全く異論はないであろう（例えばGebauer/Rotter 2009を参照）。

　そのように理解される会話体の企業倫理の概念は、資本主義的市場経済における企業の役割条件を所与として仮定している。ある個別企業は—そのように想定する—利益原則を失効させることが全くできない。現実的な企業倫理は、既に正当化された行為前提の上位に位置するというより個別

3.4 協調志向的行為としてのマネジメント

特殊的に歴史の上で出現した市場経済的秩序に由来している。経済秩序の倫理的構築を達成することが企業倫理の課題ではなく、体系的に前提とされる**経済倫理**（Wirtschaftsethik）が課題である。経済倫理は、変化する全経済的枠組み条件ゆえに企業倫理に対する新たな問題を連続的に提示することができるので、根本的に体系化された再構築代替案になる。そしてこれがこのような対話に参加する、企業のある種の仕事である。

(5) 企業倫理の考えは自由意志の**自己責任**の原則に基づいている。もちろん規範の貫徹と遵守の際にも**社会的統制**が卓越した役割を演じる。これが社会的制裁機能の助け（例えば社会的離脱または排除）によって倫理的位置付けの貫徹を完全に支えている。それにもかかわらず倫理的調整方法は、しかし強制的に武装された法律からはっきりと区別される。誰が企業の自己責任の機会を軽微に見積もるなら、発生または差し迫る摩擦の克服のために法律を単に引っ張り出すことになるだろう。適切な提言は、既に経験的な調査において再三にわたって報告されているように、確かに法律の深刻な操作限界を見落としている（例えば Stone 1975, Mayntz 1978, Maerz 2003 参照）。

(6) ここで重要な位置を占める企業倫理の既に述べた方法が、企業本来の経済的課題設定に関する主要な**修正機能**をも担っている。これは、明らかに事業を一般的な慈善行為または後援への責務を望むことのような提言から一線を画すことになる。全く多く散見されるこのような活動に、倫理的動機が決して取り決められるべきではない。しかしながらそれは企業倫理に関する明白な境界線を見出すことである。それは頻繁に利潤使用に関連付けられた、賞賛すべき気前の良い行為に関わり、しかし摩擦規定における被害者を組入れそして利潤の発生の枠組みでの根本的な摩擦の規定には関わらないのである。

(7) もし社内における倫理的努力が始動しそして始動させ続けられるべきであれば、ここで特定個人の責任（例えば取締役員、マイスター、販売部門長）が重要であるばかりでなく、**組織全体**が重要であることが考慮されなければならない。それは制度的行為の倫理が問題となる。機能可能な倫理的

3 市場経済におけるマネジメントの役割

会話を顧慮した全組織構成員による道徳的判断力開発のための形成努力が着手されなければならない。そこから倫理的に望ましい行為期待から体系的次元に組込まれた制度的な予防措置が講ぜられる。よく頻繁に組織内での実際の期待は倫理的に構築された期待と矛盾し、そこで通常は実際の期待を優先的に行使することになる。

3.4.4　経済のグローバル化文脈での企業倫理

この節の考察が理解し易くすべきなのは、高度発展した産業社会の市場経済の中でマネジメントの役割が純粋な成果志向的行為に限定されないという優れた理由付けからである。企業は—それが真っ先に経済的制度である場合にも—国家と社会の政治的全関連性に束ねられている。部分的機能不全を理由として成果志向的指揮のとなりに付加的なマネジメント稼業としての協調関連的な調整が行われなければならない。企業はそれによって私的利得経済による動機に責任があるばかりでなく、間接的（法律を通じた）そして直接的にも（企業倫理によって）"公益（res publica）"、公共のものに責任を持っている。

ここでの基本的位置付けは、いずれにせよその時々の企業に由来する国内的部隊だけでなくグローバルな枠組みにおいても有効である。その際、常に所与とされる世界市場の存在それ自体が重要なのではなく、一方における旧態依然とした先進工業国と他方における（特に）産業中進国との間における重大な経済的立地差異が重要となる。この競争関連的な立地差異は、異なった国家的な資源状況の原因になるばかりでなく、特に経済生活を（共に）決定する経済過程の制度的制約または規範的基準と原則における文化的違いの原因にもなる。人権、汚職、児童労働、不正資金浄化行為、労働保護法、環境汚染等々という、若干の見出し語が最近の国際的な紛争の火元を参照するよう求めている。国際的な組織レベル（関税及び貿易に関する一般協定（GATT）、国際労働機関（ILO）、世界貿易機関（WTO））における世界的な立法者がいないので上述の摩擦解消の試みは、これまでに（まだ）成功してはいない。利害差異と文化的な違いがまだ大きすぎるのである

協調志向的行為としてのマネジメント 3.4

(Steinmann/Scherer 1998 参照)。ゆえに出発点はここにおいても、つまり多国籍または超国家的企業の倫理の枠内で、協調志向的努力が企業レベルに直接効果を発揮する。国際的マネジメントはそれゆえ、未解決の摩擦領域において企業倫理的な原則が、個人または場合によっては団体レベルで効果を発揮することが求められる。散発的にここでは既に、例えば化学産業における国際的な取り組み"保護責任（Responsible Care）"の枠組みにおいて見られ、ここでは第一に環境基準と労働保護基準に重点を置いている（参照 www.vci.de）。グローバルな倫理-基準を履行する他の考え方は、企業を認定すること、そして消費者または業界関係者を通じた証明書を要求することである。ボックス 3.6 は関連する証明方法について紹介している。

どの程度まで、企業指揮における社会的責任を持続的に組み込み、適当な手段として保証が裏付けられるかは、これから先に証明されなければならない経験的問題である。

家財産業ミーレ（Miele）社は SA8000 社会標準のドイツで唯一の認証企業である。

ボックス3.6

SA8000[8] による証明

SA8000 基準の主要な要は、すべての労働場所における条件が世間一般で認められた人権に方向付けられることを信条としている。SA8000 は企業責任の監査と証明のための包括的で、世界的な一基準である。この基準は、顧客と他の利害関係者に社会的責任の遂行を明示するため、中小そして大企業に利用可能である。基準の根本的な要は、すべての労働場所における条件が一般的に定評のある人権に方向付けられそしてマネジメントがこのための責任を受容することを信条としている。

国際的な観点

基準は"ソーシャル・アカウンタビリティー・インターナショナル(Social

---

[8] SA8000 は、ソーシャル・アカウンタビリティー・インターナショナル（Social Accountability International, SAI）によって就労環境評価を定めた国際規格である。内容は世界人権宣言、児童の権利に関する条約、国際労働機関（ILO）の諸条約を基に作成されている。

Accountability International, SAI)"によって設立された。SAI は公益組織で、自発的な社会的そして倫理的基準の開発、導入に専念している。SA8000 体系は、ISO9001 と ISO14001 の品質と環境を顧慮したマネジメント体系のための上述した基準に従って設定されている。基準は、公益組織である経済的優先順位委員会（Council on Economic Priorities, CEP）により開発され、そして基準は有名企業の代理人、人権組織、専門的証明人、科学者そして労働法者をも含めた国際的監査役会によって支援され、そこで監査されている。SAI は、監査しそして信用保証した証明書の発行を許される、ほんのわずかな保証会社に信用を供与している。

国際的労働法

基準は、合衆国の人権解釈そして児童権利のための国連協定を含む、人権に関連した多くの要請された国際基準に基づいている。SA8000 は 9 つの基本領域での企業成績の証明書に関する透明性のある、計測可能でそして証明可能な基準を提供している（以下の 9 点）。

- **児童労働**。児童労働の禁止（ほとんどの場合 15 歳未満）。認証された企業は、自身の仕事を基準に基づいて無くす可能性のある子供の教育のための金銭手段を付加的に提供しなければならない。
- **強制労働**。従業員によって、契約書を後ろ盾にまたは雇用するための条件として"初回払込労働"を行うことを要請することはできない。
- **健康と安全**。企業は、飲み水の準備、休憩所、相応しい安全設備そして必要な社員教育の実施を含んだ安全で健康的な職場環境のための最低基準を確保しなければならない。
- **結社の自由**。処罰の恐れなく労働組合を設立し、それに参加しそして共同行為を行うことの、従業員権利を保障する。
- **差別待遇**。人種、社会階層、国籍、宗教、障害、性別、性志向、労働組合、または政治的属性を理由とした差別を無くす。
- **懲罰処分**。人体への処罰、従業員への言葉による暴行のような精神的そして生理的強制の禁止。
- **労働時間**。週 48 時間で週 1 日の休日そして残業代が支払われる、最高で週 12 時間までの最大労働時間。
- **報酬**。賃金は追加的に自由になる報酬を付け加えた基本要求を充足するために法的な最低要請に適合しなければならないし、そして十分でなければならない。

3.4 協調志向的行為としてのマネジメント

- マネジメント。効率的マネジメントの導入のための方法定義そして SA8000 順守の審査、責任ある人材の任命から重要文書の保持まで、適切な処置の実施そして異議申し立て。

    出典：www.dnvba.com（2012年11月17日接続）

演習問題

1. どのような考え方が利害関係者モデルの基礎となっているか？
2. 何が成果志向的調整方法と協調志向的調整方法との間の違いなのか？
3. どのような制度を通じて資本的市場経済におけるマネジメントの成果志向的行為は担保されるべきか？
4. どのように自由主義的経済理論における協調志向的利害調整による企業行為の原則的委任が基礎付けられるのか？
5. どのような理由が、マネジメントの協調志向的行為による成果志向的調整を補充するのに必要であるか議論しなさい？
6. 何が外部効果であり、どの程度までそれが企業倫理の必然性問題のための意味を持っているのか？
7. どの仮定が"企業指揮の社会的責任"の考え方の背景にあるのか？なぜそれは"独り言"として批判されるのか？
8. どのように利害関係者-対話のための関連利害関係者を決めるのか？
9. 調査部門の上司が述べている、「この利害関係者対話はただの市場操作（マーケティング）の抜け道で、私たちには何も関係がない」。この言明について議論しなさい。
10. どのような優位性を SA8000 に関する倫理-認証化は持っているのか？

3 市場経済におけるマネジメントの役割

事例研究：チャレンジャー号の悲劇

　1986年1月28日に"スペース・シャトル"型有人宇宙飛行25号船が離陸直後に大規模爆発し、7名の宇宙飛行士の尊い命が犠牲となった。"チャレンジャー"悲劇の経過は、レーガン大統領に委任された調査委員会の最終報告書は約17万ページに及び、この中では本当に1000分の1秒単位に正確に再現することができる。

　発射機器体系の技術的弱点における事故要因が注目された。出発準備の間の異常な寒気において主要ロケットの個別部品間にゴム密閉性の変形を招いた。このような密閉性が出発段階に置ける巨大な圧力に耐えられず、そこに穴が開き、燃料があふれ出しそして丁度73,628秒後に爆発を誘引した火花が散ったのである。

　大統領調査委員会の見識によると、この悲劇の背後要因はむしろマネジメント不全の広範囲に及ぶ状況で探求されなければならない。1980年以来発射用補助ロケット連結に関する構造的不備は周知の事実で、NASAとモートン・サイオコール社間で既に不幸の11日前に議論されていたのである。とにかく発射補助ロケット不全は、宇宙船発射時の14の理論的に重大な不幸要因の下で最も大きな要因として見なされていた。

　発射準備の間に発射用補助ロケット製造モートン・サイオコール社の技術者2人の警告をもし聞いていれば、不幸が簡単に避けられたのにもかかわらず。発射解除の過程は4段階の階層的に編成された過程として進行した。一番下位の4段階目における個別構成部品の納入業者から"青信号"が与えられなければならない。3段階においてはすべての補助体系の準備のためNASA管理者が責任を持っており、2段階目では宇宙船の総合的補助体系が利用可能か否かが試験された。1段階は最終的にミッションの総合的枠組み条件と最終許可に関する責任を有していた。

　発射の15時間前、4段階（サイオコール社）と3段階（NASA）間での決定的な画像会議において両サイオコール社技術者のロジャー・M. ボアジョリー氏とアーノルド・R. トンプソン氏は、外気温が12度以下で発射する経験上での計算不可能な危険性を詳細に解説していた。NASAのマネ

事例研究：チャレンジャー号の悲劇

ジャーはぎょっとした様子を見せそしてそれが経済的な理由から可能な限り一番早期の発射解除を―危険な低温状況にも関わらず―求めたことは誤解の余地もなく明らかであった。NASAの発射補助ロケットマネジャーのローレンス・B. マロイ氏は自信の無いサイオコール社のためらいに怒りを示した。「発射前は新しい基準を見出す沢山の時間があるね。いい加減にしてくれ、サイオコール社は私にいつ発射させたいのか、次の4月か？」と。

これに引き続く30分間の切り替え中断の後にかなり長く決心のつかない状態が続いた。その際ボアジョリー氏とトンプソン氏は、彼らに誰も耳を貸さずそして誰も断念しないことに気が付いた。発射補助ロケットワサッチ地区部門の幹部ジェラルド・E. メイソン氏が初めて、挑発的な言葉を発しそして発射解除の言葉を語り、突然の転機が判断に訪れた。「飛びたいと思っているのは私だけでしょうか？」と質問しそして同僚にあからさまに経済的な必要性を説き始めた。「技術者としての帽子を脱ぎ、マネジメントとしての帽子をかぶってください」と。そこから始まってモートン・サイオコール社の管理者は、NASAから期待される関連契約を危険にさらさないために、独特な技術者の思考を徐々に押しのけていった。最終的にサイオコール社においても密閉リングに関する問題は十分にNASAにおいて認識されていることと信じられたのである。

画像会議の再録画においてサイオコール社の発射用補助ロケット計画取締役は、NASA管理者のジョー・C. キルミンスター氏に、そうこうする間に他の判断に行きつきそして発射を支持したと説明した。ローレンス・B. マロイ氏は安堵しそして宇宙船体系の2段階担当の計画マネジャー、アーノルド・D. アドリッチ氏に、サイオコール社が発射に同意したと即座に報告した。アドリッチ氏にはいずれにせよ密閉リングの問題に関してもう二度とは話されなかった。

階層的に編成された発射解除過程の引き続く経過においても批判的な異論はもう二度と言及されなかった。意思決定段階4と3の局面間での非常に繊細な情報は、"消去浄化"された。ゆえに直接的な発射準備においても低外気温の問題に異常であるという認識が二度と認められなかったので

135

ある。計測隊は発射の2時間30分前に外気温がマイナス13度と確定し、通常は中断のしるしとしての0度の最低基準が取り上げられるのに、これが異常であるとしっかりと記憶に留められることはなかった。計画されていた11:38に最終的にロケットが点火された時、外気温は3度に到達し、推奨温度の12度から丁度9度低かった。正確に73,628秒後に突然に情報転送が終焉し、無線周波数において突如ガサガサ音のみを聞くことになった。画面上には突如として真っ白な雲が広がっていた。ロケットが砕け散ったのである。

出典：Lohr 1991: 9ff.

事例研究に関する質問

1. 倫理関連での摩擦が上述の事例のどこに在るのか？あなたはこのような摩擦情勢をむしろ非日常的または日常的と捉えますか？
2. どこに彼らの評価に関する個人的不全があるのか？どのような役割をこのことから組織的規制は演じているのか？
3. ボアジョリー氏とトンプソン氏の行動を評価しなさい！どのような帰結をあなたはこの立場において考えられますか？

参考文献

Apel, K.-O.(1973), Transformation der Philosophie, Bd. II., Frankfurt am Main.

Barca, F./Becht, M. (Hrsg.) (2000), The control of corporate Europe, Oxford.

Berle, A. A./Means, G. C. (1932), The modern corporation and private property, New York.［邦訳：A. A. バーリー、G. C. ミーンズ、『近代株式会社と私有財産（現代経済学名著選集〈第5 明治大学経済学研究会編〉）、北島忠男、文雅堂書店（1958 年］

Biener, H. (1973), Gesetz über die Rechnungslegung von bestimmten Unternehmen und Konzernen (PublG) mit Regierungsbegründung, Düsseldorf.

Carney, R. W./Child, T. B. (2012), Changes to the ownership and control of East Asian corporations between 1996 and 2008: The primacy of politics, in: Journal of Financial Economics.

Cyert, R. M./March, J. G. (1963), A behavioral theory of the firm, Englewood Cliffs/N.［邦訳：J. R. M. サイアート、J. G. マーチ、『企業の行動理論』、松田武彦、井上恒夫訳、ダイヤモンド社、1967 年］

Dahl, R. A./Lindblom, C. E. (1953), Politics, economics, and welfare, New York.

Dyckoff, H./Souren, R. (2007), Nachhaltige Unternehmensführung, Berlin u. a.

Endres, A. (2012), Umweltökonomie, 4. Aufl., Stuttgart.

Epstein, E. M. (1973), Dimensions of corporate power, Teil 1, in: California Management Review 16 (2), S. 9–23.

Eucken, W. (1999), Ordnungspolitik (hrsg. von Oswalt, W.), Münster.

Etzioni, A. (1998), A communitarian note on stakeholder theory, in: Business Ethics Quarterly 8, S. 679–691.

Freeman, R. E. (1984), Strategic management: A stakeholder approach, Boston u. a.

Frey, B. S. (1981), Theorie demokratischer Wirtschaftspolitik, München.

Frick, B./Kluge, N./Streeck, W. (Hrsg.) (1999), Die wirtschaftlichen Folgen der Mitbestimmung, Frankfurt am Main.

Friedman, M. (1970), The social responsibility of business is to increase its profits, in: The New York Times Magazine vom 13.07.1970.

Gebauer, J./Rotter, M. (2009), Praxis der Nachhaltigkeitsberichterstattung in deutschen Großunternehmen. Befragungsergebnisse im Rahmen des IÖW/future-Rankings 2009, Berlin/Münster.

Gerum, E./Mölls, S. (2009), Unternehmensordnung, in: Allgemeine Betriebswirtschaftslehre (hrsg. von Bea, F. X./Schweitzer, M.), Bd. 1: Grundfragen. 10. Aufl., Stuttgart, S. 225–331.

Grayson, D./Hodges, A. (2004), Corporate social opportunity – Seven steps to make corporate social responsibility work for your business, London.

Habermas, J. (1981), Theorie des kommunikativen Handelns, Band I und II, Frankfurt am Main. [邦訳：ユルゲン・ハーバーマス、『コミュニケイション的行為の理論』上（訳：河上倫逸、1985年)・中（訳；藤沢賢一郎、1986年)・下（訳；丸山高司、1987年、未来社)]

Huber, F./Meyer, F./Bulut, O. (2012), Unternehmenserfolg durch strategische Corporate Social Responsibility: Eine empirische Analyse am Beispiel von IKEA, Lohmar, Köln.

Jamali, D. (2008), A stakeholder approach to corporate social responsibility: A fresh perspective into theory and practice, in: Journal of Business Ethics 82, S. 213–231.

Kade, G. (1962), Die Grundannahmen der Preistheorie, München

Kaysen, C. (1961), The corporation: How much power? What scope?, in: Mason, E. S. (Hrsg.), The corporation in modern society, 4. Aufl., Cambridge/Mass., S. 27–39.

Kaysen, C. (Hrsg.) (1996), The American corporation today, New York/Oxford.

Kißler, L./Greifenstein, R./Schneider, K. (2011), Mitbestimmung im Spiegel der Forschung. Die Mitbestimmung in der Bundesrepublik Deutschland, Wiesbaden, S. 149–191.

Kloepfer, M. (1998), Staat und Unternehmung in ihrer Umweltverantwortung aus Sicht des Rechts, in: Steinmann, H./Wagner, G. R. (Hrsg.), Umwelt und Wirtschaftsethik, Stuttgart, S. 214–232.

Löhr, A. (1991), Unternehmensethik und Betriebswirtschaftslehre, Stuttgart.

Margolis, J. D./Elfenbein, H. A./Walsh, J. P. (2007), Does it pay to be good? A meta analysis and redirection of research on the relationship between corporate social and financial performance, Ann Arbor.

März, W. (Hrsg.) (2003), An der Grenze des Rechts, Berlin.

Mayntz, R. e. a. (1978), Vollzugsprobleme der Umweltpolitik, Wiesbaden.

Mitchell, R. K./Agle, B. R./Wood, D. J. (1997), Toward a theory of stakeholder identification and salience: Designing the principle of who and what really counts, in: Academy of Management Review 22, S. 853–886.

Post, J./Preston, L. E./ Sachs, S. (2002), Redefining the corporation: Stakeholder management and organizational wealth, Stanford.

Reed, M. S. et al. (2009), Who's in and why? A typology of stakeholder analysis methods for natural resource management, in: Journal of Environmental Management 90 (5), S. 1933–1949.

Schneider, A./Schmidpeter, R. (Hrsg.) (2012), Corporate Social Responsibility: Verantwortungsvolle Unternehmensführung in Theorie und Praxis, Wiesbaden.

Schreyögg, G. (Hrsg.) (2013), Stakeholder-Dialoge, Münster.

Schreyögg, G./Unglaube, O. (2013), Zur Rolle von Finanzinvestoren in deutschen Publikumsaktiengesellschaften – Thesen und empirische Befunde, in: Die Aktiengesellschaft 58 (4), S. 97–110.

Steinmann, H. (1973), Zur.Lehre von der "Gesellschaftlichen Verantwortung der Unternehmensführung," in: Wirtschaftswissenschaftliches Studium 2, S. 467–472.

Steinmann, H./Löhr, A. (1994), Grundlagen der Unternehmensethik, 2. Aufl., Stuttgart.

Steinmann, H./Scherer, A. G. (1998), Zwischen Universalismus und Relativismus, Philosophische Grundlagenprobleme des interkulturellen Managements, Frankfurt am Main.

Stone, C. D. (1975), Where the law ends, New York u. a.

Suchman, M. C. (1995), Managing legitimacy: Strategic and institutional approaches, in: Academy of Management Review 20, S. 571–610.

Tirole, J. (1999), Incomplete contracts: Where do we stand?, in: Econometrica 67, S. 741–781.

Ulrich, P. (1977), Die Großunternehmung als quasi-öffentliche Institution, Stuttgart.

Ulrich, P. (2002), Der entzauberte Markt, Freiburg.

Weimann, J. (1995), Umweltökonomik, 3. Aufl., Berlin.

Wohlrapp, H. (2008), Der Begriff des Arguments, Würzburg.

索　引

あ　行

新しい組織形態	25
意見の一致	98
意思決定の役割	20
意思決定力	103
一般的なマネジメント課題	5, 41
異文化相互間の理解	24
ウェーバー、マックス	53
教えられそして学べる資格	2

か　行

開示法	116
外的関係	69
外部効果	105
外部効果の欠如	105
外部的そして内部的出発点	113
外部的制限	114
会話体の企業倫理	126
価格体系	103
革新（Neuere）制度経済	74
革新者	20
課題	4
課題の代表	38
価値自由	43
過程志向的観点	76
環境立法	116
関係者間で対話	127
完全競争モデル	104
完全な制約	108
ガント・チャート	47
管理上の検査体系	114
機械職長	35
帰還（フィードバック）	52
企業関連的な構成要素	128
企業段階	106
企業の社会的責任（CSR）	120
企業の理論	60
技術的専門能力	23
希少価格	103
規制緩和	115
機能可能	107
機能的観点	3,
規範の教義	21
規範的想定	70
境界線	70
供給機能	104
競争経済	128
協調	106
協調モデル	103
共同態勢	24
業務内容	17
規律	43
緊急性	95
金銭	128
区間職長	35
グローバル化	113
経営者支配	110
計画	7
計画と検査	67
計画問題の脆弱な構築	68
経済的合理性	100
経済の体系内部	128
経済における遺贈過程	107
経済分野	41
経済倫理	129
計算問題	96
継電器組立調査室実験	61
契約	102
契約収入	102
権威の認知理論	59
言語	98
検査	69
権力	95
行為	59

141

索 引

行為随伴	112
行為先導者	20
行為調整	96
公開性	115
構想的専門能力	24
硬直性	78
公的な利害	116
行動科学学派	57
口頭の情報伝達	14
効率利益	100
コーポレート・ガバナンス	111
個人	34
個人的順応過程	99
コントローリング	7
根本的な行為余地	108

さ 行

残余収入	102
刺激–貢献–理論	58
資源依存	71
資源依存定理	71
資源配分者	20
自己拘束	114, 124
自己実現要求	65
自己責任	129
市場過程	120
システム均衡	69
システム志向的観点	69
実践的な方向付け問題	43
質問と傾聴	14
実用的正当性	92
私的な出資者	116
指導	7
社会–倫理的局面	124
社会的専門能力	24
社会的体系	70
社会的統制	129
尺度	127
収益原則	126
収益最大化	122
収益率	102
修正機能	129
周知伝達役	19
自由意志	102

柔軟性	22
主観的行為合理性	99
個体群生態学	76
需要機能	104
循環の順序	10
小株主の非活動性と無権限	110
状況依存的観点	73
上司	19
消費者	114
情報	104
情報体系	36
情報の役割	19
照明の強さ	61
所有権	102
所有権と指令権限の統合	105
所有権理論	75
所有者	3
所有者支配	111
所有と自由裁量権の分離	109
事例手法（ケーススタディ）	41
進化	76
新（neo）制度派	72
人的解決策	34
人的関係運動	64
人的資源	65
人的範囲	3
垂直統合	37
制御問題	96
制限	112
政治的空間	106
製造物責任法	114
制度	3
正当性	72, 92, 95
制度経済的観点	72
制度的観点	3
船首像	19
専門化の利点	46
創業の契約モデル	102
相互依存性	12
総体	20
創発的進化過程	77
組織化	7
組織開発	66
組織全体	129

142

組織内の行為	64
組織の計画した変化の問題	66
組織の連合理論	59

た 行

第一機能	9
大企業の権力構造	108
体系−環境−相互作用	22
対人間の役割	19
代弁者	19
対話的な理解	124
多角化	38
団体労働権	115
探知網	19
調整	7
調整方法	97
直接的観察	109
提供者と消費者の権力欠如	105
テイラー、フレドリック・W.	45
定量数学的志向学派	66
手続き規定	127
伝達に関する合理性	97
伝統的な5つの規範	7, 21
伝統的なマネジメント過程	22
伝統的マネジメント過程	8
ドイツ語圏の国々	41
動作研究	47
同等以下の影響力	118
道徳規範	122
取引コスト理論	75

な 行

内的意思決定過程	117
内的制約	117
認知的正当性	93

は 行

バーナード、チェスター・I.	57
配置	7
バンク配線作業観察室研究	63
独り言	124
日々の労働は細かく分断している	13
被用者	114
開かれた体系理論	70
ファヨール、アンリ	48

不確定要素	71
不完全性	112
複合性	100
物的課題	4
負の帰結	47
普遍的効率性	56
普遍的な妥当性	53
プリンシパル−エージェント理論	75
並列的問題解決-循環	13
報告	7
法的措置	109
法律	113
ホーソン実験	60

ま 行

マネジメント学の基準	7
マネジメント過程	8
マネジメント知識	23
マネジメント知識と方法	23
マネジメントの思想史	39
マネジメントの職業化	110
マネジャー（管理者）	3
模型（モデル）	68
問題解決者	20
問題志向の原則	43

や 行

予期せぬ事態の克服	14
予算	7
予備調査	61

ら 行

利害相殺のメカニズム	103
利害調整役	122
立地差異	130
倫理的構成要素	128
倫理的正当性	93
倫理的方向付け	113
倫理と道徳の違い	127
連絡係	19
論拠立ての意識的断念	99
論証理論的	97

原著者紹介

ホースト・シュタインマン（Horst Steinmann）

1934年7月17日ドイツ、ノート・ライン・ベストファーレン州のバード・ザルツフレン生まれ。複数の博士の称号を持っており、エアランゲン・ニュルンベルク大学の経営経済学と経営学の名誉教授。彼の多くの業績はSSRNで紹介され、研究分野は文化を越えて作用する欧州ビジネス倫理ネットワークや政治システムとしての企業そしてコーポレート・ガバナンスと取締役の責任等である。

ゲオルク・シュライエク（Georg Schreyögg）

1946年11月14日ドイツ、ミュンヘン生まれ、エアランゲン・ニュルンベルク大学で学び、オーストリアのグラーツ大学から名誉博士号、ベルリン自由大学の経営経済学部門の特に組織、指揮、行動、コーポレート・ガバナンス、企業倫理を専門とする。2005〜2006年までドイツ経営経済学会の会長。

ヨッヘン・コッホ（Jochen Koch）

フランクフルト（オーダー）のヴァドリナ欧州大学の経営経済学学科長。彼の研究領域は、戦略的管理、組織論そして起業家精神、特に戦略的実践とヒューリスティック、戦略的対話、組織と起業家の創造性、組織と（新興）市場との関係、そして戦略と組織進路依存の理論に焦点を当てている。特に初期の新興企業や企業（初期段階の新興企業を含む）、新興企業や企業の発展を促進するエコシステムや機関（例：アクセラレータ）、そして非常に複雑な既存組織やその戦略的発展のプロセス研究を実証的に研究している。また理論的な観点から、現代とポストモダンの社会学理論と哲学の広い範囲を範疇に置いている。システム理論と社会的実践の理論に最近は取り掛かっている。

■訳者

清水一之（しみず かずゆき）

明治大学　経営学部　准教授　博士（商学）
1971年　　東京都千代田区生まれ
2007年　　明治大学商学研究科博士課程修了
2010年　　明治大学経営学部 専任講師を経て2013年から現職
主要業績
- 「持続可能性と自動車のロボット化：IoT と Industrie4.0 による自動車ナビゲーションシステムの展開比較」、清水一之、日本情報経営学会誌、Vol.37. No.4, p1-9, 2018 年。
- Technological Development in Automotive Industry and Transformation in Corporate Governance System, Journal of Governance & Regulation, Virtus Interpress, 2017, 6(3), pp.46-54.

ドイツのマネジメント学
概念―機能―事例研究

　　　　　2019年3月29日　　初版第1刷発行

著　者　　ホースト・シュタインマン（Horst Steinmann）
　　　　　ゲオルク・シュライエク（Georg Schreyögg）
　　　　　ヨッヘン・コッホ（Jochen Koch）
訳　者　　清水一之（しみず かずゆき）
発行者　　富澤　昇
発行所　　株式会社エスアイビー・アクセス
　　　　　〒183-0015 東京都府中市清水が丘3-7-15
　　　　　TEL: 042-334-6780/FAX: 042-352-7191
　　　　　Web site: http://www.sibaccess.co.jp
発売所　　株式会社星雲社
　　　　　〒112-0005 東京都文京区水道1-3-30
　　　　　TEL: 03-3868-3275/FAX: 03-3868-6588
印刷製本　シナノ書籍印刷株式会社
Translation Copyright © 2018 清水一之

Authorized translation from the German language edition:
Horst Steinmann, Georg Schreyögg and Jochen Koch, "Management – Grundlagen der Unternehmensführung, Konzepte-Funktionen-Fallstudien, 7 auflage", © 2013 by Springer Fachmedien Wiesbaden.

This Japanese translation title is reproduced with permission of SNCSC (Springer Customer Service Center GmbH.

■カバーデザインは、Springer社の許可により原著カバーを真似ています。

Printed in Japan　　　　　　　　　　　　　　　　ISBN978-4-434-25867-1

SiB means Small is Beautiful and/or Simple is Better.